图1　2015年6月铜梁二中竞技龙舞队赴法国进行国际交流与表演

图2　铜梁二中荷花龙参加“龙乡大舞台”表演

图3　铜梁二中龙舞队参加中华人民共和国成立70周年暨2019年中国老年人气排球系列赛开幕式表演

图4　万州区五桥小学大课间空竹展示

图5　2011年凤林小学第一届艺术节表演

图6　2018年凤林鼓娃参加北碚区蔡家街道百姓大舞台群众文艺之星大赛表演

图7　北碚状元小学“状元龙”代表重庆市参加2016年全国第四届中(小)学生舞龙舞狮锦标赛

图8　状元小学草把龙表演队进行草龙腾飞表演

图9　江津大桥学校跳绳队登上2016年江津春晚表演

图10　江津大桥学校初中部中课堂花式跳绳展示

图11　澄江小学北泉板凳龙参加重庆市社区教育特色课程评比

图12　淡溪中学舞狮队参加乐清市教育局全民学习周展演

图 13　淡溪中学参加乐清市全民健身日展演

图 14　淡溪中学舞狮队参加乐清市春晚展演

图 15　贵州关岭民族中学苗族花棍舞代表队参加中国农民秋收节表演

图 16　贵州关岭民族中学苗族花棍舞代表队参加表演

学校民族传统体育特色课程建设

蒋菠 肖宇翔 编著

西南大学出版社
国家一级出版社 全国百佳图书出版单位

图书在版编目(CIP)数据

学校民族传统体育特色课程建设 / 蒋菠, 肖宇翔编著. — 重庆：西南师范大学出版社, 2021.8
ISBN 978-7-5697-0792-2

Ⅰ. ①学… Ⅱ. ①蒋… ②肖… Ⅲ. ①中小学－民族形式体育－教学研究－中国 Ⅳ. ①G852.9

中国版本图书馆CIP数据核字(2021)第066173号

学校民族传统体育特色课程建设

XUEXIAO MINZU CHUANTONG TIYU TESE KECHENG JIANSHE

蒋　菠　肖宇翔　**编著**

责任编辑：周明琼
责任校对：应　娟
装帧设计：魏显锋
排　　版：张　祥
出版发行：西南大学出版社(原西南师范大学出版社)
地　　址：重庆市北碚区天生路2号
邮　　编：400715
电　　话：023-68868624
印　　刷：重庆长虹印务有限公司
幅面尺寸：185 mm×260 mm
印　　张：15.5
插　　页：2
字　　数：252千字
版　　次：2021年8月　第1版
印　　次：2024年1月　第2次印刷
书　　号：ISBN 978-7-5697-0792-2

定　　价：49.00

编委会

基金项目资助：

1. 全国教育科学“十四五”规划2021年度课题教育部重点项目资助（编号：DLA210371）

2. 重庆市体育局2020年重庆市体育科研项目资助（编号：D202010）

3. 西南大学研究生优秀教材建设项目资助（编号：SWUYJS214005）

4. 西南大学2019年中央高校基本科研业务费专项资金重点项目资助（编号：SWU1909331）

5. 2019年重庆市普通高中教育教学改革研究课题重点项目资助（编号：2019CQJWGZ2044）

前　言

民族传统体育作为中华民族精神文化的瑰宝，在世界文化全球化发展的今天，能充分繁荣中华民族传统文化、弘扬中华体育精神，对促进中华民族传统体育文化在世界的传播、培养民族传统体育后备人才、坚守中华体育“文化自信”、共建人类体育命运共同体、实现中华民族伟大复兴具有重要的现实意义。中华民族传统体育是由中华各族人民创造的，为增强体质而进行的竞技、庆典、娱乐和教育的一种综合性文化形态，是各民族以身体运动为基本方式的一种动态过程的复合体，是民族文明进步所形成的传统的文化生活方式，具有各民族独特的价值与特征。基于此，作者编撰《学校民族传统体育特色课程建设》一书，从民族传统体育基本概念、项目特征、学科基础等基本知识与理论基础入手，在各中小学收集关于民族传统体育项目在学校开展的第一手教学、训练、比赛表演等方面资料，包括项目起源、项目基本技术规格、项目教学与训练计划、对外交流与比赛等内容，配备必要图片，增设教学、训练、比赛经典视频，旨在完善民族传统体育理论框架与学科体系、促进民族传统体育特色课程资源开发创新与民族传统体育文化的弘扬。

该书以“健康第一”为指导思想，以“学生发展，强身育人”为教育标准，以“文体艺教育”为突破口，以民族传统体育项目进校园为抓手，积极探索，勇于实践，走出一条传统文化、体育教育、技能习得协同发展与内涵式发展之路。价值在于以进一步做好国家级非物质文化遗产的传承和推动全民文化艺术健身活动的大力开展为主题，按照“一校一品”“一校多品”的学校体育模式，通过民族传统体育特色课程建设，激发中小学生的爱国主义、集体主义情怀，弘扬民族传统文化与体育人文精神，增强学生的文体艺知识，强健学生体魄，提高青少年的身心素质和综合实践探索能力。

全书共有十五个章节，其中第一章至第五章为理论篇，主要是民族传统体育概述、我国少数民族传统体育的区域分布、体育课程的内涵、民族传统体育课程资源的开发、民族传统体育课程的实施与评价。第六章到第十五章为实践篇，主要对中华民族传统龙舞、民间草把龙舞、民俗腰鼓舞、民间抖空竹舞蹈、民族花式跳绳、民间板凳龙舞、民族韵律操、少数民族抛绣球、中华民族传统狮舞、中华民族花棍舞等民族传统体育项目的起源发展、技术规格展示、如何走进学校课堂形成有区域特色的校本课程、课程教学训练的实施以及对外交流参赛表演等方面进行全面的论述与可行性分析。民族传统体育项目通过不同的区域学校给中小学生、教师、教学管理人员、家长等带来中华民族文化熏陶、优美雅致的技术展示和运动技能的习得，促进中小学生的身体、心理、社会等方面健康协调发展，培养“德智体美劳”全面发展的社会主义建设者与接班人，使中小学生更好地传承中华民族传统体育文化，向世界传播中国体育文化声音，彰显祖国文化自信。

在编撰过程中，得到重庆铜梁第二中学校、重庆北碚澄江小学校、重庆北碚状元小学校、重庆北碚凤林小学校、重庆江津大桥学校、重庆万州五桥小学校、云南师范大学附属小学、广西北海市外国语实验学校、浙江省温州乐清市淡溪中学、贵州安顺关岭民族高级中学等提供的第一手信息和资料，也得到了西南大学体育学院、渝中区教师进修学院、北碚区教师进修学院、万州区教师进修学院、北碚区教委、江津区教委的大力支持和帮助，在此表示衷心的感谢！本书参考和引用了一些专家和学者关于民族传统体育、民族文化、体育文化、体育课程建设、体育教学等方面的学术观点及资料，在此也表示由衷的感激！由于学术水平有限，本书在资料收集、逻辑推理、观点论证和语言组织中存在的不完善之处，敬请各位专家、学者及广大读者不吝指正！

蒋菠

目录 CONTENTS

上篇 理论篇

第一章　民族传统体育概述

第一节　民族传统体育的内涵解析

一、民族概念

《中国大百科全书(民族卷)》中关于“民族”一词,认为:民族、部落都是以血缘关系为纽带的人们共同体,而民族则是以地缘关系定义为基础的人们共同体。民族是人们在历史上形成的一个有共同语言、共同地域、共同经济生活以及表现在共同文化上的共同心理素质的稳定的共同体。

由此,民族与人种不同,是长期历史形成的社会统一体,是由于不同地域的各种族或部落在经济生活、言语文字、生活习惯和历史发展上的不同而形成的。中国是统一的多民族国家,目前有汉族、回族、维吾尔族、土家族、哈萨克族、傣族、蒙古族等56个民族。汉族是中国人口最多、分布最广的民族。汉族广泛分布在全国各地,主要集中在东北、华北、华东、华南、中南以及云贵川渝等地区。

二、民族传统体育概念

关于民族传统体育的界定,就国际流行的现代体育而言,中国的民族传统体育应该是在中国人民居住的地方开展的,具有中华民族传统习俗、文化、特色的体育活动的总称。从民族传统体育的基本特征和特色来看,各民族的传统体育在形式上具有较大的共性,同时又由于各民族地理环境、生产方式、宗教信仰的不同,又表现出异彩缤纷的特点。根据这些特点本书总结出了一个定义:民族传统体育就是指具有本民族传统文化特色的体育活动。在中国,习惯把“民族”用于称呼少数民族,但事实上民族一词是包含汉族的。“民族传统体育”自然也包括汉族体育。

民族传统体育作为一种社会实践活动，是人类社会生活的重要组成部分，与人类的文明发展有着同步的节奏，源于人类的生产劳动、生活节奏、军事训练、原始信仰与崇拜、种族繁衍以及经济活动。中华民族的自然经济基础、宗法血缘社会基础、精神生活与哲学基础，影响着民族传统体育的形成与发展，决定其重视体育伦理和社会价值的基本特征。

综上所述，中华民族传统体育是中华民族在数千年拼搏、成长中积累、形成的宝贵精神财富，它负载着我国的哲学精神、生命理念、价值标准、审美特点以及情感方式，反映中华民族历史积淀的时代体育文化心态，与中华民族的文明健康发展有着同步的节奏，不断传承民族群体的身体活动实践，无异于一张张色彩鲜明的“文化名片”，生动形象地展现出本民族的历史底蕴、文化气质和精神风貌。最终凝聚为中华民族的向心力，为民族命运共同体的形成奠定重要的精神文化基础。对铸牢中华民族命运共同体意识，加强各民族人文交流，促进各民族大团结，实现各民族携手奋斗与繁荣发展的目标，有着重要的理论价值与现实意义。

第二节　民族传统体育的起源与演变

一、民族传统体育的起源

民族传统体育是各族人民在不同时期创造的，满足人们在不同历史时期身心发展需要的体育活动方式，涵盖的内容十分丰富，使得民族传统体育的起源成为一个比较复杂的理论问题。以下从四个方面来阐述民族传统体育的起源。

（一）民族传统体育产生于生产劳动与实践

不同的民族由于自然条件的制约，在生产方式方面往往有很大的差别，不同的生产方式决定着人们不同的生活方式，形成不同的生产生活技能。民族传统体育的萌芽与原始人类的生存活动是分不开的。为了生存，原始人类学会了农耕，学会了使用各种工具,学会了用工具来进行狩猎。人类的狩猎、渔猎活动,伴随着人类诞生而开始。在原始社会的旧石器时代,人类全部依赖于自然狩猎、渔猎与采摘植物果实。狩猎时原始人追逐野兽,攀爬跳跃,在徒手与野兽的搏斗中渐渐学会使棒投石,不仅使人类的大脑日趋健全,也使人类获得了勇敢、力量与技术。原始的狩猎工具发展成为今天的体育器械或游戏工具最突出的案例之一就是石球。

20世纪70年代左右,在四川、山西、湖北发现过史前的陶烧圆球。中国著名古人类学家贾兰坡先生认为,它是远古时期人类狩猎的工具,在人类发展史上占有重要的地位,并把石球定为"飞石索"。这种投掷技术虽然原始,却为后世各种投掷技能的形成创造了条件。后来随着弓箭的发明及广泛使用,原始人猎取食物有了保障之后,石球在狩猎中的作用退居其次,逐渐向体育游戏器械发展。石球由生产工具演化为游戏器械是传统体育萌芽的一个有力例证,说明球类游戏是从生产劳动中萌芽的。

我国不同的地区与不同的民族在原始部落时期形成的各种生产技能、生活技能是传统体育的源头。如:彝族在长期的游牧生活中创造了摔跤。在云南西部彝族居住区,还盛行一种投石活动,称为飞石索,与"皮风子"类似。"皮风子"是彝族人放牧时挥赶畜群和狩猎的工具,即飞石器——包裹石头的网兜,在凉山牧区,男女老少都会掷石子。

(二)养生与健体术中蕴含传统体育元素

在人类社会的发展中,人类逐渐意识到保健与祛病的作用,对身体和疾病产生了更多的认识,出现了传统的养生术。最早提及养生是在《庄子·刻意》中,其记载的导引术是"熊经鸟伸",主要是模仿熊攀树和鸟飞翔的健身活动。《吕氏春秋》中提到的"流水不腐,户枢不蠹",强调的就是动以养形的基本观点。在《太平经》中养生思想是主张通过人体内精、气、神的修炼来强健身心。随着华佗《五禽戏》的出现,标志着养生导引的水平上升到新的高度。在宋代以后至明清,养生导引的健身术流传下来的有二十四节气坐功、八段锦、十二段锦、延年九转法、易筋经十二势等。以上表明随着社会的发展,人类对养生健体的重视已由被动变为主动,一些具体的健身运动方法开始被广泛推广,并蕴含着后世传统体育养生元素。

(三)民族传统体育产生于原始战争与部落防卫

战争作为人类社会发展到一定程度的阶段性特殊现象,产生于原始社会后期。为了拓展生存空间与采集、狩猎地区,争夺对自己部落更加有利的资源,部落与部落之间经常发生利益的冲突,这些冲突进而逐渐演变成原始状态的争夺与战争。随着争夺和兼并战争的发展,原始的带有战争色彩的活动也就变成史前人们生活的重要组成部分。如传说中的神农氏北上攻斧燧氏之战,将其击败、兼并。之后,神农氏部落便由今河南淮阳地区迁移到今山东曲阜一带,周边各小部落主动归附,组成部落联盟。

在广西花山的岩画中有一个极为典型的场景,中间是一个腰佩环首大刀,手持短剑,看似部落首领的人物,其身边是双手高举、身体后仰、双腿弯曲,似在跳跃的舞蹈侍者,实为部落勇士,他们正在欢迎首领凯旋,或在为统帅祝祷出征胜利。整个画面映射出一种盛大的原始战争舞蹈仪式。[①]这些原始战争是促成民族传统体育萌芽发展的一个重要社会力量。

(四)民族传统体育产生于宗教与祭祀

原始人类通过漫长的发展,在共同采集与狩猎活动中,对自然界产生疑惑和恐慌,从而产生了"万物有灵"观。当人类茫然无知,匍匐于自然的脚下,无法理解和解释诸多自然现象与规律时,就对自然充满了敬畏感、崇拜感,便出现了自然崇拜、图腾崇拜和祖先崇拜等宗教崇拜形式,以及原始巫术等。

原始宗教与祭祀中的舞蹈,最早是用于娱乐和劳动预备训练的。在人类社会处于蒙昧时代,舞蹈多仿飞禽走兽、鬼怪神仙,是祈福、驱病、免灾、庆祝时的一种礼仪,反映出原始人类崇拜的心理。如"白兽舞"是我国最早的舞种之一,发展到后来,常见于中国的祭祀活动及庙会、庆典会以及迎神会中,成为现代艺术舞蹈和体育舞蹈的共同渊源。

随着原始宗教的出现,崇拜祭祀仪式也逐渐渗透到人们社会生活的各个角落,每项生产、生活都要举行一定的祭祀,每遇重大祭日,仪式就更为盛大,而舞蹈便成

① 张选惠,李传国.民族传统体育概论[M].成都:电子科技大学出版社,2013.

为宗教祭祀的主要成分。又如舞龙和龙舟竞渡，这两个民族传统体育项目是原始人龙图腾崇拜的最早形式。他们认为，龙是主“司雨”的神，能够行云布雨。在农耕时代社会，天气干旱会影响农作物生长，进而影响人类生存。因此在遇到旱灾时，龙就成为祈雨巫术的对象。原始巫术就是在这样的基础上产生并流行的。

二、民族传统体育的演变

（一）民族传统体育文化主体的演变

纵观我国民族传统体育文化，它是长期在相对闭关自守、与世界文化隔绝的环境下形成和发展起来的。伴随社会由传统向现代转型的完成，当民族传统体育的生存环境已经发生了很大变化，各种文化融合、共生，新的观点、思想不断涌现时，必然会对实践民族传统体育运动的人在思想、价值和心理活动方面产生直接影响，引起内心深处的激荡与冲突，从而导致人生观、价值观和世界观的深刻变化。

多元文化价值观的共存，极易使人们因复杂难辨而出现困惑或迷茫。具体而言，民族传统体育的精神价值层面体现为是否摆脱传统的民俗观、道德观甚至宗教观，而引进现代体育价值观，是坚持原生态保留传统，还是积极进行整合等。①在实践中，民族传统体育的主流意识、精神追求，确实改变了以往注重古老的祭祖、驱灾、祈年和崇拜神灵的仪式过程，淡化了其“交游”性质，而把经济发展、健身娱乐、实现民族团结和民族认同的目标等置于活动的首位。

（二）民族传统体育文化载体的演变

学校教育是民族传统体育现代化的摇篮。教育部颁布的《全国普通高等学校体育课程教学指导纲要》明确指出：弘扬我国民族传统体育，汲取世界优秀体育文化，体现时代性、发展性、民族性和中国特色。学校在执行国家课程和地方课程的同时，应视当地社会经济发展的具体情况、本校的传统和优势、学生的兴趣和爱好，开发适宜的本校课程即校本课程。其中校本课程的开发与实践为学校自主开发民族传统

①石爱桥．民族传统体育概论[M]．北京：人民体育出版社，2014.

体育课程提供了制度与保障,改变了学校民族传统体育一直处于边缘化的地位,使一直徘徊在学校教育之外的民族传统体育找到了归宿。

民族传统体育作为一种融竞技比赛、健身娱乐、休闲养生于一体的优秀传统体育资源,只要符合习近平新时代中国特色社会主义体育与教育事业发展要求,定会有自己的发展优势。在约980项民族传统体育项目当中,有的较为普及,有的地域性强,有的局限于本民族与本土化,有的简单烦琐,有的难度不同,有的属于集体项目,有的属于个人项目,形态千差万别,打破了以往体育课程“千篇一律”的局面,成为我国各级各类学校体育课程资源开发与改革的理想选择。如:传统舞龙、舞狮、摆手舞、打鼓、打陀螺、板凳龙、推铁环等进入了许多学校的校本课程,并在不同地区和学校,形成了不同的重点和特色。

(三)民族传统体育价值取向的演变

民族传统体育文化的现代化发展是大势所趋,是社会和历史的进步,民族个性变化和价值意识重构也必然会出现。随着生活与生产方式的改变,以及休闲意识的加强,民族传统体育退出“日出而作,日落而息”的自然生活休闲方式,自觉地转向了节日、喜庆活动的高质量生活点缀。同时随着经济价值的凸显,民族传统体育开始与旅游文化联姻,利用旅游与文化产业相结合的形式来增加精神和物质上的财富,产生巨大的经济效益。

总而言之,从“自发”到“自觉”是人类文化发展的重要特征和共同愿望,民族传统体育的发展同样呈现出这一特征,遵循这样的规律。

第三节　民族传统体育的分类

民族传统体育内容丰富、形式多样、特色各异。对民族传统体育进行科学、合理、系统的分类,有利于我们更为全面、深刻地认识民族传统体育。本书对民族传统体育的分类主要有以下几种方法。

一、按照民族传统体育学科体系分类

（一）中华武术

武术与民族传统体育专业经历了二十余年的发展，目前学术界比较认可的专业研究领域主要有武术、传统体育养生（含健身气功）、民族民间体育三个方向。武术历史源远流长，内容博大精深，且发展迅速、较为完善，学科建设程度也比较好，相对于其他项目而言，武术发展较为成熟。因此，我们通常把武术单列出来。

武术的萌芽与战争密切相连，在战场上人们总结了搏斗的经验，比较成功的一击、一拳、一枪、一棍，被模仿、传习、教授、训练着，促成了武术的萌发。经过连绵不断的部落战争与城池争夺，武术为了适应需要进一步向实用化、规范化发展。武术发展于封建时期。武术著作大量出现，形成初期流派，大刀逐渐取代了剑在军事舞台上的地位，剑逐渐转移至非军事用途并继续发展。

近代武术的健身作用更加明显，更多的是以体育运动的形式出现在人们的社会生活中，成为近代体育的重要组成部分。中华民国时期，学校体育日益备受关注，武术成为体育课程中的重要内容。民间出现了许多拳社、武术会、体育会等民间武术组织，如上海精武体育会、上海中华武术会等，对武术的传承与发展起到了一定的推动作用。

中华人民共和国成立以后，党和政府高度重视民族传统武术，民族传统武术成为我国体育事业的重要组成部分，被作为优秀民族文化遗产加以继承、整理和提高。国家设立专门机构负责开展武术运动，成立了各级武术协会，并陆续制订了一系列关于武术的方针政策和管理措施，从而保证了武术项目的良性发展。

随着经济全球化的到来，政治经济体制一体化改革，中国传统武术运动精神焕发，生机勃勃，群众武术活动蓬勃开展，学校武术教育迅速实施，武术科研百家争鸣，武术对外交流日渐频繁，武术资源得到多元化整合等，这些都足以说明中华武术已进入全面推广的崭新阶段。

（二）传统体育养生（含健身气功）

传统体育养生是我国养生文化与养生思想的重要组成部分，是由古代养生理论与强身健体的科学锻炼方法相结合的实践性学科。由于其项目的特殊性，将其单独列出来分为一类。其中具有代表性的是导引养生和武术养生。

（三）民族民间体育

民族民间体育是指在各民族、民间活动中广泛存在的，尚未得到官方认可加以推广的民间体育运动项目，包括个体和群体、竞技性和表演性的项目。

二、按照民族传统体育内容的表现形态分类

（一）竞技类

以竞技能力为表现形式的民族传统体育项目主要指游戏娱乐中包含着竞技心理，以比赛体力、技巧、技能为内容的娱乐活动。从参赛人数上看，有独显身手的，有双人对垒的，还有多人参与的；从竞赛空间看，有室内竞技，也有室外竞技；从有无器械分，有的使用各种兵器、日常生活器物表演技巧技能，有的则单凭自身体能做精彩表演；从性质和表现形态上分，可分为体能类、命中类、角力类、技艺类和竞速类。

体能类：指陆地竞速、水中竞渡的比赛项目，其目的是在游戏中提高身体素质，提高体能。如：划龙舟、游泳、独竹漂、跳火绳、划猪槽船、划竹排、赛皮筏、溜索等。

命中类：以中靶多少评定成绩的竞赛项目，包括射击、射箭、射弩等。它们以不同的距离、不同的弓号、不同的箭数、不同的发数决定胜负。如：投壶、射弩、投矛、泥弹弓、赛马射箭、打飞靶等。

角力类：通过一定的工具进行力量较量的民族传统体育项目。如抵肩、拔河、顶竹杠、扭杠、推杆、扳手劲、扭棍子等。

技艺类：以比赛技巧为主要内容的民族传统体育项目，它与体能类竞技相比，以巧见长，参赛者凭借在各种拳术、技艺等项目中表现蹬、拉、踢、跳、打、翻身、举等各种技巧动作比高低。如：武术、舞龙舞狮、马术、达瓦孜、套马、踢毽子、荡秋千等。

竞速类:主要通过速度来获胜的民族传统体育项目。有板鞋竞速、赛马、赛骆驼、赛牦牛、爬杆、爬绳等。

(二)娱乐类

以娱乐为主导的民族传统体育项目是以闲暇消遣、健身娱乐为主要目的而又有一定模式的民俗活动。这些项目虽有一定的规则,但不严格,主要以嬉戏和娱乐为主旨,可分为以下几类。

托举类:通过一定质量的重物,加强力量练习和相互进行力量比试的娱乐健身项目。如掷子、举皮袋、抱石头、举石锁等。

棋艺类:主要指各民族的棋艺项目,以启发智力为主。如中国象棋、围棋、藏棋、五子棋等。

跳跃类:主要指通过各种工具跳越障碍的项目。如跳竹竿、跳狮子、跳马、跳骆驼等。

抛投类:通过抛掷器物或信物的娱乐或择偶的传统活动类项目。如抛绣球、投火把、丢花包、扔石头、抛沙袋、布朗球、怒球等。

(三)节庆类

节庆习俗是一个民族特有的传统庆典活动,构成了一种寓意深刻的独特的文化表达方式,作为一种文化传递的方式起着重要的支撑作用。从节庆活动中透视到古老而丰富的民族传统体育文化,反映出不同的民族社会历史和文化变迁的轨迹,显示了一个民族的文化内涵。从节庆的类型上看,主要有5大类型。

宗教祭祀类,包括武术、铓鼓舞、上刀杆、打鞋、独龙刀术等。

新春伊始类,包括磨秋、打陀螺、舞狮舞龙、草把龙、芦笙舞、荡秋千、踢毛菌等。

农事生产类,包括盛大斗牛活动、跳大鼓舞、舞花棍等。

婚恋郊游类,包括姑娘追、夺标鼠、打鸡毛球、爬滑竿、丢花包等。

娱乐狂欢类,包括舞铃铛、跳花鼓、踢毽子、二人秋千、踩高跷等。

三、按照民族传统体育的价值取向分类

按照价值取向对民族传统体育进行分类是较常见的分类方式，这种分类逻辑起点比较简单，而且相对来说能得到大家公认。主要有：强身健体类、休闲娱乐类、竞技对抗表演类、文化与节庆传统类。

（一）强身健体类

民族传统体育根植于民族传统文化。中华五千年文明史造就了中国“以人为本”的传统文化，在经历长期文化积淀之后，依托于传统文化和传统医学的民族传统体育就成为国人强身健体的最主要方式。如健身气功、太极拳、导引术、五禽戏、养生功等。

（二）休闲娱乐类

民族传统体育的健身和娱乐功能是其本质功能，休闲娱乐功能从古代到现在一直存在。具有鲜明的休闲娱乐功能的项目主要有中国象棋、围棋、踩高跷、打陀螺等游艺类项目。

（三）竞技对抗表演类

民族传统体育在其发展过程中，绝大多数项目竞技对抗的成分不如表演的成分多，西方现代体育传入中国后，对民族传统体育产生了巨大的影响，使其竞技体育对抗的功能也逐渐显露，形成了一些具有民族传统特点的新兴比赛项目，这部分项目主要包括摔跤、板鞋竞速、木球、射箭、龙舞比赛、赛龙舟等。

（四）文化与节庆传统类

中国的文化节庆与传统习俗具有浓郁的民族色彩和地方特色，是在漫长的历史长河中逐渐发展起来的，具有鲜明的历史性、地域性、传承性。尤其在我国的少数民族，祭祀活动、节日活动、传统习俗活动更是丰富多彩，花样繁多，其中有相当数量的项目至今仍是以祭祀、节日文化、传统习俗为背景开展。如龙舟竞渡、斗牛、顶杠、布鲁等。

四、按照地域特点分类

我国地域广阔，各区域自然地理环境、经济类型、社会历史文化、生产生活方式、风俗习惯、民族心理等存在着差异，各区域民族传统体育有着不同的特色，为了从整体上把握中华民族传统体育概貌及其地域性特征，可按我国地域分布的特征划分为东北、西北、西南、中原与东南四大区域民族传统体育项目。

第四节　民族传统体育的价值与功能

一、民族传统体育的价值

在我国民族传统体育的发展历程中，各民族所形成的不同形式的体育活动，也都与本民族的价值观念、稳定的价值取向以及社会关系有着密不可分的联系。因此，全面探索民族传统体育的价值体系，了解民族传统体育自身所保留的历史信息和文化信息有着十分重要的意义。民族传统体育价值，包括：史学价值、人文价值、社会文化价值、美学价值和健身价值（图1–1）。

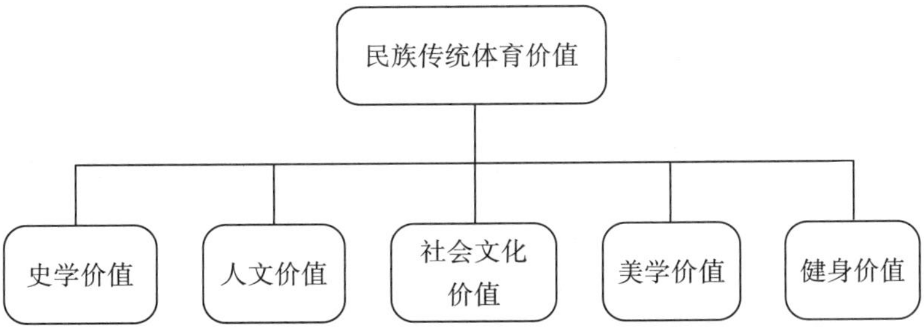

图1–1　民族传统体育价值

（一）史学价值

民族传统体育的史学价值主要体现在它蕴含着丰富的历史文化因素与信息。首先，民族传统体育作为一种特殊的民族文化现象，是在一定历史条件下产生并传承下来的。它作为历史的产物，也必然烙有历史的印记，反映了当时自然生态情况以及社会、文化、政治、经济、军事、科技等现象。因此它可以间接地反映出这段历史，成为历史文化的重要载体。

其次，民族传统体育能够体现出某一历史时期的物质生产方式与人们的生活方式、思想观念、风俗习惯和社会风尚等，是人们文化生活中最活跃、最积极和影响最直接的社会实践活动是现代体育运动项目的主要源头。

再次，民族传统体育作为一种民间的、相传的、非官方组织的活态的存在形式，其史学价值可以弥补官方历史或正史典籍的不足、遗漏或讳饰，有助于人们更真实、更直接、更全面地去认识已逝的历史和文化。

（二）人文价值

人文是一个动态的概念，《辞海》中认为，人文就是人类社会的各种文化现象。人文，从宏观上讲是指社会的精神面貌和道德修养，从微观上讲可指人对自身精神世界的感悟和认知。民族传统体育作为一种人类社会独特的文化表现形式，包含了众多的中国传统文化元素，也正是受到中国传统文化的熏陶，民族传统体育才有了"天人合一""刚柔并济""刚健""守礼""和谐"的人文价值观。这种最基本的人文价值观相互渗透，并制约着各种文化形态的发展。折射和积淀在民族传统体育的文化特征就是"三重三崇"——重道德、崇利益；重亲情，崇理性；重传统，崇祥和。

（三）社会文化价值

社会文化价值通常指人通过自身和自我实践活动满足社会或他人物质的、精神的需要所做出的贡献和承担的责任。由于民族传统体育来源于人的生产劳动和生活需要，并直接服务于生产和生活实践，因此，它的社会文化价值十分明显。在大多数民族传统体育活动中，虽然我们很难梳理其原始本意，或者很难找到原来的倡导者和组织者，但是它还是通过一定的社会群体，顽强地传承下来，并且一直影响着我们社会的发展。这充分说明了民族传统体育具有顽强的生命力和社会价值。因此，它作为一种独特的文化表现形式，已成为弘扬民族精神的重要手段，并且成为凝聚华夏民族的精神纽带。

（四）美学价值

民族传统体育的美学价值是审美对象客观所具有的，在一定程度上能满足人们的审美需求，给人们以美的享受。对于民族传统体育而言，美学价值应从民族传统体育活动的整个过程中来欣赏，这是一个审美的过程（如：参与者的形态美、精神美、姿态美、运动轨迹美、力量美、服饰美、行为美等）。

从民族传统体育的实践角度看，各种形式的体育运动也是一个美的创造和表现的过程。这种美的特征是综合性的，体现为大众通过对民族传统体育的参与和欣赏，在获得审美愉悦的同时，培养审美能力，塑造审美境界，从而陶冶情操、塑造人格。

（五）健身价值

健身是体育活动过程中一个不可逾越的基础阶段，也是体育的一个基本功能。对健身效果的追求恰好是民族传统体育生存与进化的根本原因。为了抵御猛兽、天灾地火、无名疾病的侵袭，强身健体在各民族的社会生产劳动中，不仅是个体的需要，也是维系民族生存的保障与条件。民族传统体育作为人们重要的健身手段与人类社会文化的发展息息相关。人们在长期的生产和生活中积累了大量的健身养生的理论和实践，加强了对生命本质、生命活动规律以及疾病的认知，形成了独特的不同于西方的身体运动观，为人类的健身健心做出了巨大贡献。

二、民族传统体育的功能

民族传统体育除具有自身独特的价值外，还具有教育、传承文化、娱乐、发展民族经济、精神激励和比赛竞技的功能（图1-2）。

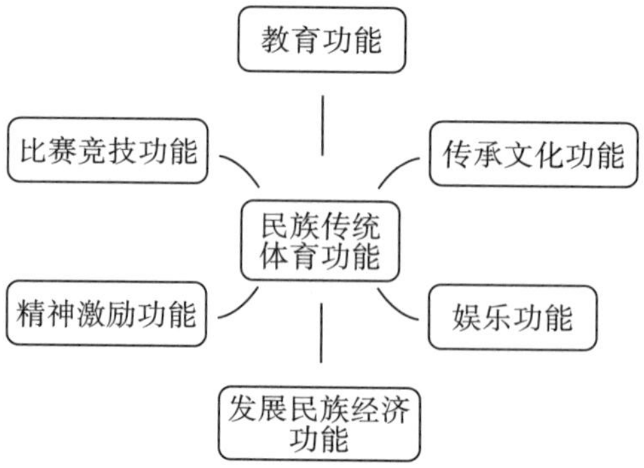

图1-2　民族传统体育的功能

(一)教育功能

民族传统体育是我国体育运动的重要组成部分,和教育一样起源于朦胧的原始社会。在历史嬗变与发展的进程中,体育和教育作为人类有目标地进行的实践活动,对人类的进化与发展起着积极的作用。人们在从事这些活动项目中,对下一代人进行社会生产、生活技能的传授。一些民族同胞还注意发挥民族传统体育活动中包含的思想教育元素,对下一代进行社会道德规范教育,以形成良好的思想品德和诚信、勇敢、顽强、坚韧等民族心理品质。如人们在向下一代传授武术时,也时时注重对其武德和武风的教育,使之成为富有正义感和民族自豪感的人。

(二)传承文化功能

民族传统体育是民族风俗文化之一,它的传承更多表现为行为性的感染。民族传统体育通过项目开展与活动实践的形式使广大人民群众体验到一定程度的亲切感、归属感和欣慰感,如中华武术、舞龙、舞狮、赛龙舟等在我国历史悠久,源远流长。武术之所以深受广大人民的喜爱,长盛不衰,其主要原因就是它反映了中华民族以爱国主义精神为核心的民族精神,自强不息,厚德载物,海纳百川,有容乃大。民族传统体育以这种身体活动形式将各民族的性格和崇尚的喜好充分反映出来,并使其代代传承。

（三）娱乐功能

民族传统体育除具有较强的审美性外，同时还具有显著的娱乐功能，它寓身体活动于娱乐之中。这一功能得到了社会各界的普遍重视，渗透在我国民族文化的每个角落。当然，这一娱乐性体育活动不含显著的功利性目的。民族传统体育活动也是为适应人类社会的身心需要而产生发展的，并逐渐成为人们在闭锁的自然与社会环境中主要的休闲娱乐方式，调节人们的情感意识，使人的精神更加充实，情绪更加平衡。在欢快的活动中，人们追求的不是内心的祈求，也不是实际的胜利，或者是实际物质奖励的获取，整个过程及活动的目的都只是单纯娱乐。

（四）发展民族经济功能

发展民族传统体育事业，既是体育工作，也是民族工作。在民族地区实现全面建成小康社会进程中，民族传统体育将伴随着政治、经济、文化、教育、社会的发展而进步。民族传统体育事业作为社会发展的重要组成部分，应当为民族地区经济社会协同发展做出应有贡献，应当为丰富广大少数民族群众的文化生活和精神文明建设做出应有的贡献。主要表现在：第一，改善劳动者素质，提高社会生产力；第二，以国内外民族传统体育竞赛活动为契机，加速民族经济的腾飞；第三，发展民族传统体育产业，开发民族体育旅游业，推动地区经济的迅速发展。

（五）精神激励功能

民族传统体育由于自身特殊的历史渊源，对中华民族的所有成员具有强烈的精神激励功能。通过参与民族传统体育活动，中华民族的每一位成员都能激发出团结互助、为国争光、兴邦立国、顽强拼搏的自信心、自尊心和民族自豪感。所以，民族传统体育也应成为维系全民族共同心理、共同价值追求的精神纽带。民族传统体育作为弘扬民族精神的重要手段，不仅可以规范和引导每一位成员向前发展，保证社会治安稳定有序，还可以团结、凝聚整个民族，使各民族中每一位成员都同心同德，朝着一个共同的目标前进。

(六)比赛竞技功能

我国民族传统体育活动本身就具有较强的比赛性与竞技性。它们在所表现的运动形式特征和所要求的体能素质等方面与一些世界性的现代竞技体育项目极为相似。如赛龙舟、赛马、民族摔跤、射箭等项目只要稍加改造,加强培训,就可以为国家的体育事业培养出一大批优秀的少数民族传统体育人才。中华人民共和国成立以来,各族人民为我国的体育事业发展做出了特殊贡献,涌现出许多少数民族运动员和教练员。由此可见,我们注重开发少数民族传统体育活动中的竞技功能,注重促进民族传统体育与现代竞技体育的交融与结合,注重发掘我国少数民族中的人才遗传优势、自然地理优势、人文社会与历史文化优势,为中国体育事业的发展做出巨大贡献。

第五节　民族传统体育的传承

中华民族传统体育作为中华民族文化的一个重要组成部分,在各民族间相互交流、相互贯穿,在融合与冲突中得到发展,既保留了本民族生产方式与特色,也借鉴和吸收了其他民族的活动内容。但是在西方强势的竞技体育文化的冲击下,其传承也面临着诸多阻碍。怎样使得优秀的民族传统体育的技艺、理念、思想、精神、文化等内容在现代社会的今天得以传承下来,是民族传统体育所面临的共同困境。

一、民族传统体育传承的内容

(一)民族传统体育的运动技能与演练

运动技能是运动主体的一种操作性行为,是人类技能的一个组成部分,是各体育项目运动技能的总称。运动技能通常是在特定运动形式下,有着确切运动技术内容和个体运动能力,是在特定的运动技术要求下运动能力的具体搭配和组合,反映出运动能力不同层次的关系,以及不同成分结合的特点。运动技能演练的高、难、美、准、快、奇、险、绝以及完整情节等成分,使其运动轨迹具备了表演的艺术性和审美价值。

民族传统体育项目给人以艺术启迪和美的享受，具有陶冶情操、娱乐身心的功能。如孔雀舞，傣语称“嘎洛勇”，意即孔雀跳，是傣族人民最喜爱的、有着古老传统的、群众性很强的表演性项目。孔雀舞有严格的程式和要求，有规范化的方位和步伐，每个动作有相应的鼓音伴奏，讲究手臂动作姿势，含蓄情感，舞姿犹如雕塑，体现中国古代女性的阴柔之美。孔雀舞的内容多为表现孔雀飞跑下山、漫步森林、追逐嬉戏、饮泉戏水、歇枝、开屏等，表现了人和自然和谐共处的生活状态。

（二）民族传统体育项目的民族服饰

中国少数民族的传统服饰有着深刻的文化内涵，成为民族的重要形象象征。在对外方面，它区别于其他民族；在本民族内部，则是互相认同的标识。如蒙古族的蒙古袍和蒙古靴，满族的旗袍、高底花鞋，朝鲜族的交领短衣和长裙，鄂温克族与鄂伦春族的狍皮衣，维吾尔族的绣花小帽，回族的白帽，彝族的披毡，藏族的藏袍和氆氇围腰等。

大小凉山彝族男子用青布或蓝布包扎头部，并在前额处扎长锥形的结，称为“英雄结”，以此展现英勇威武的气概。这些服饰都给大家留下了深刻的印象，为大家所认可。民族传统体育表演的服饰与动作技术，都是动态形象地传承文化的组成部分，通过它们增强了中华民族的动态形象美，扩大了表演项目的表现力，更加彰显出这一民族文化与历史的悠久。

（三）民族传统体育的宗教信仰和习俗

宗教是一种与神圣事物相联系的信仰与习俗的完整体系，是独立的和有所禁忌的，是把其所有追随者团结在一个共同体之中的体系，包括人们对自然的崇拜、图腾崇拜、祖先崇拜、巫术、禁忌、神灵观念、宗教节日以及民间传说等。体育与宗教可以说是有着不解之缘。

虽然原始宗教不是产生民族传统体育的一个源泉，却是其形成的一个动因，大多数民族传统体育活动都寓于民族宗教活动之中。我国民族众多，各民族都有着自己的宗教信仰，宗教不仅是一种个体信仰，也是一种民族文化现象。[①]目前，在民族传统体育项目中可以发现许多还没有独立出来，仍然属于原始宗教活动的体育萌芽。如：云南南部的彝族妇女每逢旱灾就要以一种裸体摔跤的形式来祈天降雨；云南景颇族为亡者送葬时跳“恩载载”，使亡魂平安升天。宗教使早期体育由自发的、不定期的、不定型的运动形态上升为有组织、有特色、如期定时的，各种运动项目的程序及具体动作也由自然的操练变得逐渐规范。这对我国民族传统体育向较高层次发展起到了推动作用。

（四）民族传统体育的礼仪范式

中国传统意义上的礼仪通常指的是人类社会交往中应有的礼节和仪式的总称，具体表现为礼貌、礼节、仪表和仪式等。古人说：“不学礼，无以立。”礼是人与人相互尊重、人际关系的调节剂和润滑剂。中国是世界四大文明古国之一，素有“礼仪之邦”的美称，礼仪文化源远流长。我国少数民族在日常生产与生活中就保持和盛行着许多淳朴与厚重的优良礼节和习俗。这些礼俗，大多通过长辈、老人在日常生活及生产活动中言传身教，以此来潜移默化地启发和教育青年。如在古代武术的师徒传习中，师父身传口授，所以历来有尊师重道的美德。有“严师出高徒”“徒弟技艺高，莫忘师父劳”“尊师要像长流水，爱徒要像鸟哺雏”的拳谚。

中华武术讲究的是以理服人，不恃强凌弱。传习中强调武德教育，要求习武者具有手德、口德、公德。通过礼仪教育，不但能使青少年养成良好的文明习惯，同时也将礼仪背后的价值观潜移默化地传递给他们，对他们个体的独特性与自主性的形成及自我认同与社会认同的构建都会产生不可估量的作用。

二、民族传统体育传承的路径

民族传统体育传承的路径历来是多种形式并存的，随着社会的变迁，不同时期传承路径的变化呈现出明显的社会性和多样性，而这些变化都受到传承理念、历史

①石爱桥．民族传统体育概论[M]．北京：人民体育出版社，2014.

时空、自然社会环境和个人性情等因素的影响,并对该类项目的传承起到举足轻重的作用。概括起来主要有以下几种。

(一)学校体育课堂教学

学校体育课堂作为体育文化传播的重要阵地,肩负着传承与传播民族传统体育的责任和使命。体育课堂教学是一个对体育知识、经验、技术与技能的传习过程,把民族传统体育的传承纳入学校体育课堂教学中,一方面促进了民族传统体育的普及与推广,拓宽了民族传统体育文化的传播与传承路径,另一方面极大地丰富了学校体育的课堂教学内容和课外活动形式。尤其是一些民族地区,民族传统体育活动进入体育课堂,不但兼顾了民族地区学校体育发展,而且还加大了国家课程、地方课程和校本课程的区分度,特别是增强了民族特色校本课程的亮点与创新。

民族传统体育除具有体育教学一般特点和共同规律外,还具有自身的教学特点和特殊规律。由于不同的地域,民族的文化背景差异较大,再加上不同学校的教育目标、教育对象、师资、条件等客观的差异性,所以民族传统体育资源开发利用的差异也客观存在。各学校必须根据本土的民俗风情以及本民族的实际情况去选择民族传统体育项目,如:东北地区的学校适宜开发滑雪、滑冰、冰球等冰雪校本课程资源;在内蒙古大草原的牧区学校适合选择射箭类、小型赛马类、小型摔跤类项目;在南方水乡的学校适合选择游泳、赛龙舟、单人及多人水上竞渡项目。

与此同时,学校还要努力营造良好的校内、校外体育人文氛围,利用各民族节庆、体育艺术、体育文化节、民族传统体育游戏、舞蹈等,开展丰富多彩的民族传统体育课程,将课内教学和课外活动有机地结合在一起,相互促进、相互融合。

(二)民间师徒传授

中国自古以来就有师徒传承制度,民间有、社会有、学校也有,从来就没有因为某种元素而消解。师徒的传习是我国民族传统体育传承的一种传统方式。传统的师传徒受是一个师父带一个或者多个弟子,教会并使其掌握技术和技能的一种传统的人才培养方式。民族传统体育的民间师徒传授是学校体育课堂教学的有力补充。

师徒传习虽然保留了民族传统体育项目的独特性，但在一定程度上也制约了该项目传播的速度、广度和深度，逐渐使其生命力减弱。要保护与传承民族传统体育，不能忽视师徒传习制度，要从孩子入手，从青少年着手，让学生从小接触民族传统体育项目，了解中华民族传统体育文化，热爱中华民族传统体育文化之精髓，充分发挥民族传统体育文化传承的主导作用。

（三）群众健身

我国民族传统体育具有健身的价值，群众健身活动也可以传承民族传统体育。第一，要开展以群众体育为主题的民族传统体育普及活动，在学校、社区广场等人口密集的开放区域建立民族传统体育的群众活动组织。第二，积极开展民族传统体育健身娱乐的建设试点工作，创建一批有代表性的、有影响力的民族传统体育健身俱乐部，推动民族传统健身知识的普及。第三，开展多层次的民族传统体育健身讲座，让蕴含丰富民族智慧的传统健身知识和健身理念进入千家万户，保障健身活动的科学、简单、易行，建立健全全民健身服务体系，全面提高全民族人民的体质健康水平。

（四）民族传统体育赛事人文交流

竞技赛事是实现民族传统体育的目的、任务的基本途径之一，也是提高身体运动水平、推动体育事业健康发展的重要手段。目前，我国每年都有以国家、省市、州县的名义组织的民族传统体育运动会和单项目的邀请赛、友谊赛、冠军赛等，促进了各地区民族传统体育的传承与发展。民族传统体育通过表演竞赛，增进民族友谊，促进技艺交流。“平等、团结、拼搏、奋进”是全国少数民族传统体育运动会的宗旨，从全国各地聚集而来参加运动会的人们，说着各自的民族语言和方言，相互之间难免有语言上的障碍，但当他们用“体育语言”进行沟通与交流时，一切变得那么美好、和谐，因为民族运动会的比赛场上没有成王败寇与金牌至上。在半个多世纪里，全国少数民族传统体育运动会不仅走遍了新疆、宁夏、广西等自治区，而且先后在北京、广州等大城市举办，促进了民族多元化的文化大融合。

民族传统体育竞赛是一扇交流之窗，让更多的人关注和保护民族传统文化，赋予了民族传统体育新的活力。各族人民在民族传统体育赛事人文交流中升华了情感、丰富了生活、增进了民族友谊。因此,赛事人文交流也是民族传统体育传承的重要路径。

(五)市场化与产业运作

市场经济与产业运作为民族传统体育的传承与发展提供了新的机遇。民族传统体育与现代体育的加速融合,促使其从一种复杂的文化复合体演变为一种简单的身体技术。在文化自信引领下,我们以一种本土文化心态和视角来审视民族传统体育发展的同时,就会发现体育背后更为深层的问题。由此,对于民族传统体育的存在价值,不能以是否进入现代奥运会作为评判标准。我国民族传统体育经过漫长的发展,已经作为中国传统文化的重要组成部分,形成了完整的系统和独特价值体系及功能。

中华民族传统体育根植于民族文化土壤之中,受到不同民族文化的碰撞与培育,从而形成了带有民族特色的传统体育文化。随着现代社会文化的变迁与发展,以及与全球化经济的不断接触与融合,民族传统体育文化也逐渐地被外来文化所影响。在新时代的文化大整合的世界里,民族传统体育要坚守自身特色、努力克服自身不足、打开自己的心扉走向国际,除积极吸收外来文明外,还要向其他国家讲述好中华民族传统体育故事,从而使自身更加具有民族特性。

问题思考:

1. 民族传统体育的起源与演变包括哪几个方面?

2. 民族传统体育是如何分类的?

3. 民族传统体育具有哪些价值?民族传统体育传承的内容有哪些?我们未来如何来传承它?

第二章　我国少数民族传统体育的区域分布

第一节　东北区域少数民族传统体育分布

一、东北区域地理环境与少数民族概况

东北区域不仅战略地位十分重要，自然资源丰富、森林覆盖面积最大，而且是我国游牧文化、渔猎文化的主要发源地。该区域的冻土分布广泛，沼泽面积较广，属于温带湿润和半湿润大陆性季风气候，同时也是中国纬度最高、气候最为寒冷的地区。东北区域东部与南部濒临大海，西部是广阔的内蒙古草原，北部是冻土荒原，与四周地理环境的差异和隔绝，使历史上的东北地区形成一个相对独立的半封闭的地域空间。

该区域聚居着汉族、满族、朝鲜族、蒙古族、赫哲族、鄂伦春族、鄂温克族、锡伯族等多种民族。满族人口有一千多万，曾是游猎民族，擅长弓箭射击。朝鲜族主要分布在吉林省，尤以延边朝鲜族自治州最多。鄂伦春族人口较少，人口总数不到万人，主要分布在黑龙江省，他们游猎于大小兴安岭茫茫林海之中，长期的狩猎生活与宗教文化娱乐生活形成了独具特色的鄂伦春族体育文化。赫哲族也是我国北方人口较少的民族之一，他们世代居住在黑龙江、松花江和乌苏里江的三江流域，以渔猎为生，被称为“鱼皮部”“使犬部”。锡伯族是北方古老的游牧民族，也是我国人口较少的民族之一，主要分布在东北三省，也有少数分布在新疆。鄂温克族主要分布在黑龙江讷河市和内蒙古，也是我国人口较少的少数民族之一。鄂温克的意思就是“住在大山林里的人们”，大部分鄂温克人以放牧为生，其余从事农耕，其中驯鹿曾是鄂温克人唯一的交通工具，被誉为“森林之舟”。

二、东北区域少数民族传统体育项目分布情况

一直以来，生活在东北地区的各族人民，在与大自然做斗争、求生存的过程中，创造了悠久的历史文化，其中比较突出的是民族舞蹈、民族风俗、民族传统体育。民族传统体育是一颗璀璨明珠，多姿多彩的民族传统体育活动和丰富的儿童游戏，造就了一代又一代体魄强健的东北人民。如冰雪运动就是东北地区独具特色的运动项目之一，还有狗拉雪橇、滚木轮、滑雪、叉鱼、冰球、冰雪游戏等。其次，东北地区多丘陵、山地、草地，最适合马的驰骋，所以古代的东北民族将马视为主要的交通工具和生活伴侣，对马尤为钟爱，由此也形成了多种马上运动项目，如赛马、套马、骑驰、马球、马术表演、骑射、倒骑马表演等。再次，生态环境的特殊性，决定了该地区少数民族以畜牧业、狩猎业、捕鱼等传统农业为主的生产劳动与生活方式。

蒙古族在东北草原上被誉为“草原骄子”“马上民族”。生活在这块土地上的蒙古族人民，以擅长骑马著称，由此演绎出了独特的“马文化”。因而，体育运动多与他们的草原和牧马生活有着密切关系，具有浓郁的草原民族特色。如赛马、赛骆驼、套马、马术、驯马、马球、马射等，这些项目是北方大草原上牧民勇猛、顽强、坚毅、好胜性格的真实写照，也是东北少数民族传统风尚的体现。

朝鲜族人长期从事农业，以擅长在寒冷的北方种植水稻而著称，他们大多生活在草原、森林等地方，生活条件较为严酷，从漫长的生产劳动中逐步发展了独特的民族传统体育。如顶罐走是朝鲜族妇女在顶水罐的劳动生活中演变而来的，形成现今的比赛。每逢佳节，朝鲜族妇女身着各色彩裙来参加顶罐走比赛。在多数传统节日里，朝鲜族还有荡秋千、跳板、顶瓮竞走等比赛。

在锡伯族的西迁节、鄂温克族的米阔鲁节等民族节日庆典里，都要举行马上运动、角力、狩猎等比赛。赫哲族在“乌日贡”传统节日白天进行的体育竞技项目有撒网、叉草球、射草靶、射箭、拔河等，夜间在江边燃起篝火举行群众性的歌舞晚会。①

①张选惠，李传国. 民族传统体育概论[M]. 成都：电子科技大学出版社，2013.

第二节 西北区域少数民族传统体育分布

一、西北区域地理环境与少数民族概况

中国的西北地区深居内陆，位于昆仑山—阿尔金山—祁连山和长城以北，大兴安岭、乌鞘岭以西，包括新疆维吾尔自治区、宁夏回族自治区、内蒙古自治区的西部和甘肃省的西北部等。这一地区国境线漫长，与俄罗斯、蒙古、哈萨克斯坦、吉尔吉斯斯坦等国相邻。本区面积广大，约占全国陆地总面积的24.3%。东部是波状起伏的高原，西部呈现山地和盆地相间分布的地表格局。中国西北的中、西部居亚欧大陆的腹地，四周距海遥远，周围又被高山环绕，来自海洋的潮湿气流难以深入，自东向西，由大陆性半干旱气候向大陆性干旱气候过渡，植被则由草原向荒漠过渡。气候干旱、地面坦荡、植被稀疏、沙源丰富，风沙现象在大部分地区十分常见。中国是世界上沙漠、戈壁分布较多的国家之一。塔克拉玛干沙漠是中国面积最大的沙漠，占全国沙漠总面积的43%，沙丘高大，形状复杂，景观多样。

这片辽阔的土地曾是羌、党项、吐蕃、突厥等古老民族的活动范围，在数千年的历史长河中，由于不同的地理环境、民族风情、宗教信仰、传统理念等多方面因素影响，有的民族在流动变迁中离去，有的民族从他方迁徙而来，有的相互融合为新的民族，这样东迁西移，南来北往，从而使西北成为少数民族众多的区域之一。该区域民族的生活方式非常鲜明，以畜牧业为主业。沙漠是西北少数民族地区最博大的地貌景观，西北的宗教寺院是我国传统文化的瑰宝，除寺院建筑群外，寺庙文化是西北地区历史的凝聚点和文化的浓缩点。

目前，西北地区除汉族外，主要还有回族、哈萨克族、维吾尔族、锡伯族、东乡族、保安族、撒拉族、土族、裕固族、柯尔克孜族、塔吉克族、乌孜别克族、蒙古族、俄罗斯族、塔塔尔族等民族。在新疆聚居的少数民族主要有：维吾尔族、哈萨克族、锡伯族、回族、蒙古族、满族、塔吉克族、乌孜别克族、柯尔克孜族、俄罗斯族等。在甘宁陕聚

居的少数民族主要有土族、撒拉族、保安族、东乡族、裕固族等。

二、西北区域少数民族传统体育项目分布情况

西北区域少数民族传统体育项目不仅反映了本民族的自然现象与情感特征,也反映了民族风俗与民族宗教,折射出民族的征战观,突出再现了民族传统体育文化的进取精神和创新力量,具有鲜明的地域性和民族性特征,丰富了西北区域传统体育文化的内涵。

聚居在黄河中上游流域的保安族、撒拉族、土族、东乡族等民族,世代用羊皮筏、木头作为交通工具,来往穿梭于黄河两岸,创造了西北仅有的牛(羊)皮筏竞渡、游渡黄河、骑木划水、骑牛泅渡、夹木过河等水上特色项目,反映出具有乡土气息的民族风情体育文化。在青藏高原和黄土高原的黄土地貌上形成了较为独立的地区文化,孕育出套马、夺腰刀、马上角力、拔腰、竞速斗智、拉棍等民族传统体育项目,具有浓郁的地域特色,彰显了黄土地的民族传统体育特点。在大西北的戈壁和沙漠地域,骆驼是古往今来的交通工具,由此产生了赛骆驼。如祁连山麓的裕固族是一个能歌善舞的民族,“逐水草而居”地流动生活,这一习俗成就了赛骆驼的走驼和跑驼的传统体育项目。由于戈壁的沙丘高大、沙垄起伏、沙响雷鸣,非常适合开展滑沙运动。

回族在我国是一个人口较多、分布较广的民族。他们聚居在贺兰山下,具有强健、勇猛、勤奋、不畏强敌的民族特征。自古以来,凡回族聚居的地方大都有尚武的习俗。膜拜健身、西夏拳术、赛走马、赛走骡、掼牛等民族传统体育项目正是回族人以农耕文化为主的自然选择结果。

在一些传统节庆里,如“古尔邦节”,男子聚集在清真寺广场,拉手成圈共舞,女子则在家中庭院,在手鼓伴奏下轻快地跳起民族舞,维吾尔族、乌孜别克族与哈萨克族还要举行赛马、赛骆驼、刁羊、套马、摔跤、马上角力等体育活动。此外,追姑娘是青年男女追求自由恋爱的一种形式。通过这些众多的体育活动,互相交流,增进彼此友谊。

第三节　西南区域少数民族传统体育分布

一、西南区域地理环境与少数民族概况

西南地区在行政上主要包括云南、贵州、四川、重庆和西藏，在地理上西南则指秦岭以南的四川盆地、云贵高原及青藏高原等地理单元。西南地区作为中国的内陆地区，除西藏地处世界屋脊——青藏高原外，其他地区多属于从青藏高原下降到低海拔的华中丘陵平原之间的过渡带，为中国地势垂直变化三大阶梯中的第二阶梯。其大部分地区的海拔高度在600～2000 m之间，境内的大部分地区都是山地和高原。整个地区多山，这一地貌特征对西南地区从古到今的政治、经济、文化、教育的发展和少数民族分布的状况均产生了深远的影响。

西南区域有藏族、哈尼族、珞巴族、门巴族、苗族、土家族、傣族、佤族、纳西族、景颇族、布朗族、普米族、怒族、独龙族、羌族、彝族、拉祜族、回族、蒙古族、布依族、水族、德昂族、瑶族、壮族、满族、基诺族、阿昌族等少数民族。

由于西南地区各民族所从事的是传统农业，在生产、生活方式上各不相同，因此文化与传统体育项目也千姿百态。[①]藏族主要分布在西藏高原及与之相连的云南、四川横断山脉地区。哈尼族、佤族、拉祜族、瑶族、阿昌族、德昂族、布朗族、基诺族、景颇族等民族主要分布在云南南、云南西南河谷或平坝区。回族、满族、蒙古族主要分布在平坝和交通沿线；普米族、彝族、怒族、独龙族、羌族、纳西族等民族主要分布在云南、四川横断山脉地区及其南延地区；土家族和苗族主要分布在重庆市长江以南与四川、湖南、贵州等省的交界山区。

①石爱桥.民族传统体育概论[M].北京：人民体育出版社，2014.

二、西南区域少数民族传统体育项目分布情况

西南地区民族传统体育项目种类繁多、形式多样。狩猎和农事是生产方式中最重要的内容,各种不同类型的民族传统体育活动都真实地记录了各民族狩猎的生产状况,围绕狩猎而展开的体育项目主要有跑、跳、投、射、攀、骑等。藏族、彝族的射箭,藏族、彝族、白族、怒族的赛马,土家族的飞石子、打飞棒等体育项目,均从不同角度反映出狩猎所需的技能技巧,是人们对早期狩猎情景的真实写照。射弩是生活在高山峡谷的拉祜族、怒族、独龙族狩猎的重要方法,现在这一项目已成为全国民运会的正式比赛项目,深受各族人民喜爱。怒族的“过溜索”等无不保留了不同时期、不同地理环境下的生产、生活方式。

在农事生产中,苗族的“跳鼓”,就是根据犁田、插秧、割谷、挑担等各种姿势汇编而成,用以反映丰收后喜悦心情的一种舞蹈,其主要动作是与反映农事生产的各个内容紧密联系在一起的。又如土家族的“摆手舞”就是直接来源于插秧、播谷等农事生产的单一动作。另外,土家族还有土山球、脚马球、马舞等,苗族还有天地球、独木龙舟、芦笙舞、鼓舞。

藏族人民以农牧业为主要的生产方式,由此产生了与生产方式密切相关的、具有浓郁民族气息和特色的藏族传统体育项目,成为人类文明宝库中的珍贵的精神财富。如赛马、射箭、押加、吉韧、抢石头、扔石头、踢踏舞、跑马打枪等活动趋向于大自然的回归,达到张扬个性、抒发情感和增加欢乐的目的。

在宗教祭祀节庆中,独龙族在年节里要举行剽牛祭天仪式;藏历新年是西藏最大的传统节日;傣族的“泼水节”是庆祝傣历新年。

傣族人民通过长期观察孔雀的行为举止,模仿其动作并融入了太极拳、长拳、绵拳和气功等技法后,创编出一套具有民族特色的“孔雀拳”。

目前,汉族和土家族是重庆的主要民族。主要的民族传统体育项目有:摆手舞、板凳龙、竹铃球、划龙舟、荡秋千、花棍、踩脚马、踢毽子、武术、举重、打飞棒、摔跤、扭扁担、抵扁担、搭撑腰、要砣、石锁、石担、骑竹马、角力等。

第四节 中原与东南区域少数民族传统体育分布

一、中原与东南区域地理环境和少数民族概况

（一）中原区域的地理环境和少数民族分布

中原区域大部分在黄河中下游，黄河是中华民族的母亲河，黄河及其支流穿越本区域全境。区域内华夏文明遗迹遍布，自然旅游资源丰富，是我国重要的旅游区之一。

华北平原位于中国东部偏北，在燕山、太行山、淮河之间，包括冀、鲁、豫、京、津和苏、皖的一部分。这里地势低平，土壤肥沃，人口密集，交通便利。除陕西秦岭以南外，本区域属于暖温带大陆性季风气候，主要特征是四季分明，冬冷夏热，春旱多风，夏热多雨，秋高气爽。

黄土高原是世界上黄土分布最集中、发育最典型的区域。黄土高原在内蒙古高原以南，秦岭以北，太行山以西，祁连山以东。各种各样的地形特征造就区域内地势起伏较大。

与其他区域相比，中原区域的历史文化积淀异常厚重，既是儒家文化最早诞生之地，中国礼乐文明的故乡，也是释家最早落户之所、道家的渊源之场。中原区域留有秦始皇、汉王、三国时期的魏王、隋唐时期的帝王等帝王的历史活动痕迹，保存了颇具特色的民间艺术。除汉族外，中原区域内还有蒙古族、回族、满族、壮族、藏族、朝鲜族、苗族、侗族、土族、白族和锡伯族等民族，其中回族人口占少数民族人口比重最大。这些民族深受儒家思想的影响，特别注重与人为善、推己及人，建立和谐友爱的人关系，惩恶扬善，反对以众暴寡、以富侮贫。

（二）东南区域的地理环境和少数民族分布

东南地区地处温带、亚热带气候，雨量充沛，年降水量平均为1000~2000 mm，境

内河流大部分都东西走向流入大海，主要河流包括长江及其支流乌江、湘江、沅江等，南岭以南的还有珠江流域及东江、西江和郁江等。东南地区的自然条件和生态环境比较优越，多属于丘陵地带，土地肥沃，气候温和，雨量充足，十分有利于各种农作物的生长，因而，该地区少数民族主要从事农业，兼营林业和渔猎，男耕女织，自给自足，属于以犁耕农业为主的经济文化类型。该区域也是中国岛屿最多的，其中浙江省就海岸曲折，港湾众多，大小岛屿星罗棋布。

东南区域的少数民族主要有：苗族、壮族、土家族、布依族、瑶族、侗族、水族、毛南族、仡佬族、仫佬族、黎族、畲族、高山族、京族等民族。由于东南地区少数民族均以犁耕农业为主要生产方式，由此产生了“水稻民族”和“捕鱼民族”。

其中，“水稻民族”包括壮族、布依族、水族、仡佬族、毛南族、黎族等；“捕鱼民族”主要由京族和台湾高山族所组成，因为他们以捕鱼为主、农业为辅，大分散、小集中是本地民族的典型特征。

畲族自称“山哈”，畲语应为“山客”，是我国东南沿海最主要的少数民族。早在隋唐时期，畲族就已经生活在闽、粤、赣三省交界地带，元代起开始逐渐向闽中、闽北一带迁徙，约在明清时期大量迁居于闽东、浙江南部。

二、中原与东南区域少数民族传统体育项目分布情况

（一）中原区域少数民族传统体育项目分布

中原区域在历史上曾是华夏的政治与文化中心，其文化通过经济、战争、宗教、人口、教育等众多渠道，不仅吸纳了周边多种文化中的精华元素，而且还将自己的本土文化辐射到周边各地。中原区域的传统体育项目约有100项[①]，常见的项目有：捶丸、击壤、射鸭、武术、相扑、杠子、牧球、下方、斗兽棋、马球、摇快船、踏白船、赶牛角、打虎棋、闯马城、摔跤、蹴鞠、翻油饼、骑马战、旋转棋、竹编球、围和尚、西瓜棋等。最受欢迎的传统体育项目主要是武术、弹球、摔跤和蹴鞠。早在宋代已有了使棒艺人，

①石爱桥. 民族传统体育概论[M]. 北京：人民体育出版社，2014.

并成立了使棒艺人的专业组织“英略舍”，社会上更有许多卖艺于江湖之人。到了明代，乡兵训练多是从“学拳入手”，这些民间拳的种类有：长拳、六步拳、猴拳、温家七十二行拳、三十六合锁、八闪翻、十二短打、吕红八下等，此外还有各种兵器的操使。到了清代，由于朝廷对中原传统体育采用严禁方式加以限制，流传甚广的武术、马球、相扑、捶丸、摔跤等项目都相继衰落或转入“夜藏行”，加之儒家重文轻武思想的束缚，因而使与练武健身紧密相连的民族传统体育逐渐衰落。

（二）东南区域少数民族传统体育项目分布

东南区域的水资源比较丰富，因此东南地区的民族往往利用这些水域发展与之相关的体育项目，如苗族、白族、侗族、布依族的龙舟，瑶族的踩独木桥划水、游泳，侗族潜水摸鱼等，均与水结下了深刻缘分。东南地区地势西北高、东南低，境内山岭重叠、峰峦起伏，一些体育项目则表现出浓厚的山地风味，如苗族的爬花竿、爬坡竿，土家族的攀藤，白族的跳山羊、登山、老虎跳等民族传统体育活动由此而生。

在生产劳动中，土家族人民为了保护庄稼，常抛打石头、木棒以驱赶飞禽走兽。后来石头与木棒便成为一种体育器械，“打飞棒”“打罚碑”和水面“漂石子”等由模仿打禽兽动作形成的各种体育活动由此演变而来。广西壮族人民擅长种稻，他们将许多农业生产情景歌舞化，如“打扁担舞”就形象地再现了“插秧与收割”的劳作过程。瑶族人民也保留着少量原始民族的生活，发展了运动项目如顶木杠和推杠杠等，其活动用具是土产的碗口粗的木头或竹竿，活动形式为双方用力顶杠，主要是比力量，充分表现出原始时代的生产习俗。侗族每年立春时都要举行“舞耕牛”庆祝活动，用竹篾编成耕牛，劳动能手和能歌善舞者装扮成耕耘的农夫、农妇，代表全寨把春牛舞到各家各户，预祝丰收。

在一些宗教祭祀和娱乐活动中，如高山族的背篓球又称背篓会，原是高山族青年男女求爱的一种方式，逐步发展成为传统体育项目之一。广西壮族的“陀螺节”，除夕前两三日开始到正月十六日结束，历时半个多月，节日期间，村寨热闹非凡，比赛方式各样，获胜者被冠以“陀螺王”的美称。又如瑶族人民每逢农历五月二十九日，都要举行盛大的“达努节”，这是瑶族最大的传统节，纪念的是祖娘，瑶族人民都要敲起铜鼓，载歌载舞纪念始祖，长此以往就逐渐形成习俗，打铜鼓也就成为民族传统体育的一项主要活动了。

问题思考：

1.我国少数民族传统体育分布在哪几个区域？

2.请结合我国少数民族传统体育项目的比赛与表演，谈谈西南区域少数民族传统体育项目的分布情况。

第三章 体育课程内涵诠释

第一节 体育课程概念与特征

一、课程的概念与价值取向

学校不仅是培养人的机构，而且是一个传递社会文化的场所。学校教育的核心——课程，理应承担再生产社会文化的任务。关于课程的概念，至今在理论上还没有一个非常准确的界定。在我国“课程”一词始见于唐、宋年间，最早出自唐代孔颖达《五经正义》，其中在注疏《诗经·小雅》时就用过“课程”一词，说“教护课程，必君子监之，乃得依法也”。南宋朱熹在《朱子全书·论学》中有“宽着期限，紧着课程”，“小立课程，大作功夫”等论述。我国古代课程的含义有教学范围和进程的意思。

由此可见，在不同的时期，对课程的理解千差万别。有学者认为：我国古代的课程，实际上是学程，只是对教学内容的一种规范，而没有对教法的规定。近代对课程的理解则与教程的含义相近，注重的是教学的范围与进程，这种范围与进程的规定又是按照学科的逻辑体系来展开，同学科课程。

(一)课程的概念

目前我国《中国大百科全书》以及众多教育学教材认为，课程即学科，或是指学生学习的全部学科(广义的课程)，或者指某一门学科(狭义的课程)。这种理解强调学校向学生传授学科的知识体系，但容易忽视学生的心智发展、情感陶冶、创造性表现、个性培养以及师生的相互作用。

《辞海》中对课程的解释大致有两种：第一，课程是“功课的进程”。第二，将课程分为广义和狭义两种。广义的课程概念是指为实现各级各类学校的培养目标而确定的教育内容的范围、结构和进程安排；狭义的课程概念是指教学计划中设置的一门学科。在现代一些教育理论著述中，对“课程”的解释也是仁者见仁、智者见智，学说林立，众说纷纭，主要包括以下几类：第一，课程是教学内容；第二，课程是经验；第三，课程是程度和进度；第四，课程是计划；第五，课程是中介或媒体；第六，课程是由知识、技能和与之相应的学习者（学生）和施教者（教师）的活动组成的。

由此，课程是学生通过学校教育环境获得的旨在促进其身心全面发展的教育实践经验。反映了几大特点：首先，具有一统性，它涵盖了显性课程与潜在课程两个方面的内容；其次，它阐明了课程的目的指向性，促进学生身心全面发展；再次，限定了课程经验的独特性，能发挥教育导向性作用；最后，它隐含着课程评价的因素，亦即课程必须以有助于学生身心全面发展为标准，发挥正效应、正能量。

综合各种相关资料对课程的理解，从广义与狭义两个方面来理解是恰当的。从广义来看，课程是在学校获得的全部经验，既包括学校的课时计划（课程表）所表示的正式课程，也包括学生的课外活动及对学生整个学校生活起潜移默化作用的校园文化的影响；既包括书本的知识内容，也包括对学生课内外各种活动的计划与安排。从狭义上来说，课程是学校为实现培养目标而开设的学科及其目标、内容、进程、范围、活动等的总和，它主要体现在教学计划（课程计划）、教学大纲（课程标准）和教科书中。可以说是一个阶段的全部教育内容，如中学课程，也可以指一门学科的教育内容，如数学课程、体育课程、物理课程、音乐课程、化学课程、语文课程、美术课程等。

（二）课程的价值取向

课程的价值取向指的是人们对课程价值的抉择倾向，而这种倾向是受多元因素影响的，它涉及一定的历史与社会文化背景、信仰和哲学观念、个体对社会及儿童发展的认识，因此决定课程价值取向也是多元的。一般说来，人们对课程的价值取向所做的较笼统而宽泛的划分为：知识中心取向、学生中心取向以及社会中心取向。

知识中心取向主张学校课程的主要功能是通过最有价值的学科教学提高个体的认知能力。早期较为传统的知识中心取向，主要是强调为学生提供系统、逻辑性强的学科结构和学习材料。单纯的知识中心在课程实施上，极易导致教师中心的倾向，这也是其易受批评的原因。

学生中心取向主要主张学校课程应向学生提供有利于促进人的发展的经验，为个体达到自我实现提供机会。在课程内容的设计上更倾向学习者的个人兴趣、爱好。

社会中心取向重点强调的是社会经验的积累，即在社会经验和文化传递上，把课程看作向学生灌输社会传统和习俗的主要途径，目的在于帮助学生去适应现实社会。该理论把系统的学科教学、获得一定知识和技能作为适应社会的一种重要手段，因此它与传统的知识中心论互为依托。

从课程发展的历史来看，三种课程价值取向总是相互协同，按互为交替的“钟摆”轨迹循环发展的。

二、体育课程的概念与价值取向

（一）体育课程的概念

自清朝末年体育课程进入中国学校至今已有100多年的历史了，只要是经历过义务教育阶段的人都曾上过体育课，也能对自己在体育课堂上的所学有一定了解。那什么是体育课程？由于对课程的界定众说纷纭，所以对体育课程也难以界定。《学校体育学》指出：体育课是学校教学计划中规定的必修课，是学校体育的基本组织形式。体育课是学校教学单元的基本组成要素，也是实现学校体育目标与任务的主要途径。[①]有些观点认为体育课程是为实现学校的教育目标配合德智美劳全面发展，并以发展学生体能，增进学生身心健康为主的特殊课程。这一课程不是一门学科课程，是全面发展的一个综合课程。

体育课程是以发展学生体适能，增进学生身心健康为目的的一种特殊的教育性课程，是整个学校教育课程的一个重要组成部分。体育课程是以身体练习为主要手段，以各种体育健康知识、技能和技术为主要学习内容，以增进学生身心健康为主要目的的综合性必修课程。我国体育课是学校教学计划中规定的必修课程，是有计

①王华倬．中国近现代体育课程史论[M].北京：高等教育出版社，2004.

划、有组织、有目的的教与学的过程，是学生积极掌握体育科学知识、技能，发展和改进社会主义思想教育，培养良好个性与品德的过程。组织形式上既包括体育课、眼保健操、课外活动、课间操，还包括学校体育竞赛和现代竞技运动、社会体育参与等。

根据上述对体育课程的理解，体育课程是为了实现学校的教育目标而制订的使学生增强体质和获得健康经验的方案。它包括体育课程目标、体育课程内容、体育课程时限、体育课程实施、体育课程评价、课外体育活动和课间操。

总之，凡是纳入学校教学计划中、体育实践方面的有目的、有计划、有组织的活动都应该包括在体育课程之中。

（二）体育课程的价值取向

体育课程有以下几大任务。

第一，把学生的身体活动、精神活动和智力活动有机地结合在一起。

第二，增强学生体质，提高学生身心健康水平。

第三，为适应生活质量不断提高的需要，在终身体育的指引下，学生将受到系统的体育、健康、娱乐、竞技和生活教育，掌握会健身、会休息、会玩耍、会生活的运动技能。

第四，依据社会体育发展趋势，加强课余训练，注重发展学生个性，培养高水平运动队后备力量。

第五，随着人们生活质量、文化素养与精神境界的提高，生活体育观念的加强，学校竞技体育的意识会逐渐淡漠，育人意识、参与意识、普及意识加强，从而促进体育课程的全面发展。

体育课程的价值取决于对学生的身心全面发展及对社会做出的贡献。①因此，体育课程的目标将定位于21世纪社会人才的身心全面发展与人格健全的结构之中，使学校体育课程成为终身体育的入门期。现代体育课程的价值取向在以人和社会为本的前提下，更应注重体育课程的健康价值、实用价值、育人价值、可持续发展价值和个性需求价值。

---

①袁筱平.学校体育学课程体系研究[M].北京：北京体育大学出版社，2015.

三、体育课程的基本特征

学校体育课程是整个学校教育课程的有机组成部分，是一种有别于其他学科课程的特殊课程，其特殊性主要表现在以下几个方面。

（一）目标任务的特殊性和学科基础的综合性

学校体育课程不像其他课程只承担某一个学科的目标和任务，而是承担着全面教育（培养人的德、智、体、美、劳全面发展的综合教育）的一个重要方面——体育目标任务，它不仅仅只是传授体育知识、技能与锻炼方法的课程，更是磨炼人的意志，提升人的精神境界，培养人的良好运动习惯以及提高人的审美情趣与生活品质的一种“育人”课程。

美国有位著名的体育学者查理斯·A.布切尔指出：严格来讲，“体育”自身不是一种学科，它的目标和科学基础要从哲学、生物学、心理学、教育学和社会学等学科中获得。我国教育家徐特立把学校课程分为学科和术科，认为“劳动科目（术科或行动）是基本的科目”。

体育科目和劳动科目在形式上具有相似性，都是以“行动”为主的，并且都以众多其他科学为理论基础，而不是以某一门独立科学为基础的。从课程的类型上来看，它属于综合课程。从其作用上来看，它的显性课程和隐蔽课程的相互影响尤为明显。

（二）教学时间的开放性和空间的延伸性

从当前学校课程的设置上来看，无论是国内还是国外，各级学校教学计划中都有体育课程（各年级连续开设的教学科目），有的还明确规定课外体育活动的时间。从空间上来说，体育课程不仅仅限于学校内部，还延伸到学校外部，即学生的生活、家庭以及社会。如周末以家庭为单位的趣味体育游戏；参加社会性的群众体育项目指导和俱乐部举办的体育竞技赛事等。[①]

总而言之，学校体育课程是以发展学生体能、增进学生身心健康为目的的，一种

①顾渊彦.体育课程的理论与实践[M].南京:南京师范大学出版社,2014.

特殊的课程。它与德育课程、智育课程、美育课程、劳动课程相配合,共同促进学生的全面发展,是整个学校教育某一方面的综合性课程。

(三)体育课程的“技艺性”

运动技术和技能的掌握在体育课程中是一个特殊的认知领域,即身体认知领域。在这个特殊领域的认知过程中,无论是其认知的方式方法还是认知的内容,均包含了鲜明的特征。

首先,技能的学习具有直接体验性。关于一般文化课程的学习,人们广泛讨论的是先知后行还是先行后知。体育的技艺学习却不然,这种学习的知和行是密切联系着的,技能学习的过程就是实践的过程,直接体验性是技能学习的鲜明特点。

其次,技能的学习具有递进性。技能学习是一个不断递进的过程。小学篮球要学传接球、运球和投篮,到了初中和高中也还要学习传接球、运球和投篮,这说明重复性是技艺学习的重要特征。重复的过程中包含了递进,即技术、技能、技巧和技艺的逐步提升。

最后,技能学习的个别性。运动技能学习的个别性提倡的是学生个性发展,提倡的是学习内容少而精,更提倡的是技能学习的实际效果。技能学习的个别性也为高中阶段的选项教学提供了理论依据。通过高中阶段的选项课学习,学生学会学精,进而形成稳定的爱好和专长。

(四)对促进智力与非智力因素的特定作用

智力一般是指认识客观事物并运用知识解决实际工作问题的能力。智力因素包括对事物的记忆力、判断力、想象力、观察力、实践能力、逻辑思维能力等。非智力因素主要包括兴趣、动机、意志、自信心、毅力等。智力是认识能力的总体,它的发展首先依靠它的物质基础——大脑的发育程度。

体育课程实施的本身就包含智力教学的因素,学生完成体育学习任务的过程就是技能活动和脑力活动的有机结合。①由于运动技术和运动轨迹复杂多样,这就需

---

①庞元宁,何建文.体育课程新论[M].北京:人民体育出版社,2004.

要有敏锐的观察力，反应敏捷，判断准确，并有吃苦耐劳和团结协作的良好精神品质。不论哪一项运动，都可以磨炼人的综合素质。

因此，我们应积极提倡"独立学习""自主练习"，培养学生的想象力，提升学生的思维能力。非智力因素是依靠人的实践活动而锻炼成熟的，它对认识过程起着始动、定向、引导、维持和强化作用。从长远的眼光看，培养智力和非智力因素全面发展，是我们实现现代化对人才的需要。而体育课程对人的非智力因素的培养极为重要。

第二节　体育课程的历史起源与发展

体育的形成是一个漫长的历史过程。它萌芽于原始社会，人类为了生存的需要，必须跑得快，跳得高，投得准，还要学会游泳和攀登。在当时的条件下，这些活动虽未被看作体育，却孕育着体育的相关因素，也是人类社会最初的体育形态和教育内容之一。此时虽然有了教育，却没有学校，当然也没有学校课程和体育课程。

一、奴隶制社会的体育课程①

学校是在奴隶社会产生的，始于夏朝（公元前21世纪—公元前16世纪），历经商朝（公元前16世纪—公元前11世纪）、周朝［西周（公元前11世纪—公元前771年）和东周的春秋时期（公元前770—公元前476年）］。奴隶社会的教育目的是把奴隶主的子弟培养成掌权者。由于经济和社会生活的差异，不同的古代国家的教学内容也不同。

夏朝已有称为校、序等不同名称的学校。校已经发展成为一种比较完备的军体性教育机构。商朝已出现大学和序（小学）两级学校。商朝学校教祭祀、军事、乐舞和文字。周朝学校则开设"礼、乐、射、御、书、数"，简称"六艺"。"六艺"包括了德育、智育、体育和美育的内容。春秋时期一位大教育家孔子（公元前551—公元前479年）首先打破"学在官府"，兴办私学。据《史记·孔子世家》记载：孔子以诗、书、礼、乐

①崔伟．体育课程论[M].郑州：黄河水利出版社，2005.

教弟子，弟子盖三千，身通六艺者，七十有二。“六艺”中的“射”（射箭）、“御”（驾车）即为我国早期的学校体育教育内容。

商朝和周朝时期，作战以车战为主。射、御是基本的作战技能，因此射、御的学习被列为大学阶段重要的课程内容。射主要是指射箭技术的学习，要掌握“白矢、参连、剡注、襄尺、井仪”五种基本技术。御主要是指驾驶战车的技术，习御要求掌握“鸣和鸾、逐水趣、过君表、舞交衢、逐禽左”五种驾车控马的基本技术。①这些基本技术都是为适应车战的需要，依据射箭、驾车的基本规律而提出的具体要求。以上表明，商朝和周朝的学校课程是按当时战争所需要的基本技能要求设置的，体育课程占有重要的地位。

二、封建社会的体育课程

我国封建社会从战国开始到清政府的灭亡，经历长达2000多年的历史。大教育家孔子是我国奴隶社会和封建社会课程体系的奠基人。随着中央集权的封建制度确立，百家争鸣的活跃局面不复存在。继秦始皇焚书坑儒后，经历近百年的徘徊，封建地主阶级终于选择了儒学为其统治思想。

到了汉武帝时由于实行“罢黜百家，独尊儒学”的政策，儒家思想学说就成为漫长的中国封建社会各级各类学校教育的核心。汉朝把“五经”即《诗》《书》《礼》《易》《春秋》定为全国通用必读教材。唐朝时期，这套课程得到了充实，除了“五经”外还有其他经书，如算经、医经、律经等，这些经书大都是自然学科类。宋朝又增加了“四书”，即《论语》《孟子》《大学》和《中庸》，形成了一套完整的课程体系，一直延续到清朝末期。从中可以看出，封建社会学校教育中（特别是秦朝以后），出现了重文轻武的现象，除了少数教育家（如清初的颜元）坚持教授射、御技术外，基本还没形成体育课程。

①蒋菠.大学体育人文精神重塑——基于身体美学视角研究[M].北京：人民出版社，2015.

三、中国近代体育课程的发展

中国近代体育课程指的是从1840年到1949年中华人民共和国成立这一时期的体育课程。特别是在鸦片战争以后，体育课程由西方传入中国，从而开启了体育课程近代化的进程。而此时西方体育思想不断进入中国，当时所运用的癸卯学制逐渐改变了中国基础教育学校体育课程的发展方向。为了改变"重文轻武"的传统文化观念，纠正忽视身体锻炼的倾向，一代又一代的仁人志士大力推行和普及体育教育。[①]在"师夷长技以制夷"的洋务运动中，我国开始从国外引进部分现代体育教育思想和教学内容，但这仅限于练兵，以兵式体操的形式进行授课。

中国近代体育课程最初是在"洋务派"创办军事学堂的过程中出现的。如当时的北洋水师学堂设置了体育课堂，其授课内容有：刺棍、木棒、击剑、拳击、哑铃、跳栏、平台、木马、单双杠等。北洋水师学堂的体育教育大致代表戊戌变法前洋务派新式学堂体育教育的一般情况。当时的体育教育主要局限于军队和军事学堂，其社会影响较小。

《钦定学堂章程》中的体操课程

1902年（光绪二十八年），由管学大臣张百熙主持制定，经清政府批准，颁布了壬寅学制，即《钦定学堂章程》。其中，有关体操课的规定有以下2种：

1. 蒙学堂的体操课

第一，教育宗旨：在培养儿童使有浅近之知识，并调护其身体。

第二，学制上：学制4年，6岁入学至10岁。

第三，课程设置：共学课程8门，第8门为体操。

第四，课程内容：第一、二年体操内容为整齐步伐，第三、四两年体操内容为演习体势。

①崔伟．体育课程论[M].郑州：黄河水利出版社，2005.

第五，课时安排：每日体操均为1课时，于第三、四两年减去体操，第一、三、七、九日之4课时，加课算学。

2. 中学堂的体操课程

第一，教育宗旨：使诸生于高等小学卒业后而加深其程度，增添其科目，俾肆力于普通学之高深者，为高等专门之始基。

第二，学制：4年。

第三，课程设置：开设课程12门，第12门为体操。

第四，课时安排：4年均开设体操课，每周2课时。

第五，课程内容：体操内容包括器具操和兵式操。

《钦定学堂章程》虽然未及实行，第2年就由《奏定学堂章程》所取代，但它在我国近代体育课程史上仍有不可否认的意义。

首先，就立法而言，它是中国有史以来第一个由国家正式颁布的近代学制，是中国近代史上最早的由国家颁布的体育教学大纲（体育课程标准）的雏形。

其次，体操作为学校的一门正式学科课程，以政府文件的形式，第一次得到了认可和确立，从此奠定了体育课程在学校课程中的地位。

再次，学校设置体操课程，而且蒙学堂第一、二年的体操课时多达每天1课时，中学堂每周2课时。这对于长期以来重视德育、智育，没有体育的中国封建传统教育是一个重大的突破，从此结束了中国封建学校教育中不开设体育课程的历史。

自清政府颁布《奏定学堂章程》，该章程一直施行到清朝覆灭时为止，民国初年仍大体沿用。《奏定学堂章程》规定初等教育共9年，中等教育5年，高等教育和分科大学共6~7年。该章程规定了各级各类新式学堂的学制、课堂体制和学时标准，此外还有关于教师、学生的若干规定。这是中国近代教育史上第一个普遍实行的学制，它基本上是仿效日本学制制定出来的。

清末的学校体育课程

调查各省学堂之教育，其任体操者，非营兵无取也。叩其所操，于兵式亦非不谓良，特是其所措教，既无初等、高等之别，复无小学、中学之特殊，不过取兵式之徒手，而名之曰柔软，以教小学而已；取兵式之器械，以教中学而已。如是人者，目不识丁，口不言文，其品其性，一无可取，挟其青年浮躁气，为各学堂教员，侈然胖然，朝酒夜色者，不可胜数。于是学界卑之，使不得与各教员齿；学生轻之，指目以动物标本之名。

——邓莹诗《呈请立体育学堂意见书》(1907年)

《奏定学堂章程》首次把体操课(体育课)列为正式课程。该章程规定：各级各类学堂要开设体操课，小学每周3小时，中学每周2小时，高等学堂每周3小时(另加兵学1小时)，并对大、中、小学的体操课做了详细的说明。兵式体操先教单人教练、柔式体操，小队教练及器械体操，再进则教中队教练、枪剑术、野外演习及兵学大意。

高等学堂和大学预科的体操课程的要求和内容与中学堂大体相同，只是更加强调兵式体操，以“严整其纪律”。可以看出，这种体操课程，具有明显的“军国民主义教育”性质。当时学校体育称为“军国民教育”，以“尚武”作为学校体育宗旨。这种体操课程直至1919年“五四运动”时期，没有什么根本变化，只是在1913年《教育部公布中学校课程标准》中规定，“女子中学校免课兵式操，可代以舞蹈游戏”。《奏定学堂章程》的颁布，使近代体育体制得以在中国逐步确立，近代学校体育也随之而得以普遍实施。

早期采用的学校体育教材

1890年益知书会印行的由庆丕、瞿汝舟所译的《幼学操身》，是我国较早出版的适合普通学校的体育教材。梁启超曾说该书“述体操之法，与中国易筋经相仿佛，而其法较善”。梁启超曾把这本书列入他编撰的《西学书目表》中。1902年，俞复、廉泉等在上海开办文明书局，同时发行了“蒙学”科学全书，其中有丁锦所编的《体操》

一书。1904年,又有王肇翻译的《普通体操教材》出版。1906年3月,清政府学部第一次对中小学暂用教材予以审定,把日本留学会馆李春所译的《新撰小学校体操法》和《瑞典式体操初步》暂定为小学教科书,把作新社编印的《普通体操法》暂定为中学教科书。另外,江苏优级师范学堂的学生整理在校执教的日本教习的授课笔记,于1906年编撰了《江苏师范讲义》共计16册,其中包括体操教材。这些教材都翻译或编译自日本。

四、中国现代体育课程的发展历程

中国现代体育课程是1949年中华人民共和国成立以后的体育课程。中国的体育事业包括体育教育从此走上了快速发展的通路。大致可分为以下几个阶段:

(一)第一阶段:1949—1965年的"健康第一"体育课程

中华人民共和国成立之初,青年学生的身体健康状况很差,很多学生因为身体原因不能完成学业或就业。加强学校体育课程建设,提高体育教学质量,使更多的学生重视并积极锻炼身体,成为当时学校体育的首要任务。

1950年、1951年,毛主席先后两次写信给当时的教育部部长马叙伦,提出了"健康第一,学习第二"的指示。1951年中央人民政府政务院颁发了《关于改善各级学校学生健康状况的决定》(简称《决定》),指出:增进学生身体健康,乃是保证学生完成学习任务,并培养出有强健体魄的现代青年的重大任务之一。强调学生每日体育、娱乐活动或生产劳动时间,除体育课及晨操或课间操活动外,以一小时至一小时半为原则。①

1958年我国进入了全面大规模的社会主义建设时期,提出"大跃进",在"左"倾思想的指导下,对学生身体素质发展提出了过高的要求。同年国家体委和教育部联合召开了全国中小学体育工作经验交流会,提出年底除病残学生外,中学生应全部达到《劳卫制》规定的一级、二级或各等级运动员和普通射手标准,小学生全部达到《劳卫制》少年级或少年级运动员标准。学校体育课成了身体素质训练课。

①谭华.体育史[M].北京:高等教育出版社,2009.

1961年《文汇报》《体育报》开展了体育课是以掌握运动技术技能为主，还是以提高身体素质为主的讨论。讨论认为：认识的片面性不仅影响体育课的质量，也影响学生体质的增强。由此，体育课必须为增强学生体质服务，既要着眼于为掌握体育基本知识、技术、技能打基础，也要为培养学生的体育爱好、兴趣、习惯打基础。

（二）第二阶段：1966—1976年“文革”时期的体育课程

1966年到1976年这十年是我国的“文化大革命”时期，学校体育发展受到严重阻碍，体育教学处于极不正常的状态。体育课程内容多以政治需要为主（如语录操）。1969年3月2日，苏联军队侵入我国黑龙江珍宝岛，我国边防军被迫进行自卫反击，全国进入紧张的备战状态。以毛主席语录和政治口号代替了体育知识的学习，学校一律把体育课改为军体课，内容多以队列练习、军体拳、射击、投手榴弹、刺杀、拉练、越野跑为基本学习内容。

1974年，全国掀起了各行各业学大寨的热潮，体育课被迫改为了“劳动课”，内容多以挑担子、推车子为主。同时，附以所谓的“定点插秧”等劳动内容，以军事和“学工”和“学农”代替体育课。

到了“文革”后期，基础教育学校体育课程逐渐恢复至正常的发展轨道，不仅要求教师掌握适应当代发展的教学理念及方法，并根据不同学生的实际能力适当地调整教学方案，而且还要求学生学习基本的体育理论知识。总之，该时期学校体育课程实施被政治、军事和劳动所取代，学校体育课程处于名存实亡的状态。

（三）第三阶段：1977—1998年的体育课程

党的十一届三中全会以后，学校体育开始走上了科学化、制度化和规范化的轨道。1979年10月5日，教育部和国家体委联合颁布了《中、小学体育工作暂行规定（试行草案）》《高等学校体育工作暂行规定（试行草案）》。根据这两个文件的要求，各级各类学校体育课程教学要把增强学生体质和提高学生健康水平作为体育课程改革的主要目标。

1987年对教育部制定并颁布的“全日制十年制学校中、小学体育教学大纲（试行草案)”和“中小学体育教材(试用本)”进行了修订,使体育教学大纲在体系和内容方面都有许多新的发展。此修订大纲完善了体育教学目的、任务的提法,反映了时代的精神和特点,充实了新的内容,提高了要求;调整和充实了教材。在原教学大纲分类的基础上,对各项教材做如下处理。

第一,调整教材分类方法。中学体育教材分为体育理论部分和实践部分。

第二,正确处理统一性与灵活性的关系问题。体育教学大纲应面向大多数学校和学生才会有生命力。

第三,明确体育课程成绩考核,改变了以往过分强调达标测验的情况,而采用综合性的结构式考核。

经国务院批准,国家教委和国家体委1990年3月12日联合发布了《学校体育工作条例》,其中规定:学校应当根据教育行政部门的规定,组织实施体育课教学活动。普通中小学校、农业中学、职业中学、中等专业学校各年级和普通高等学校的一、二年级必须开设体育课。普通高等学校对三年级以上学生开设体育选修课。体育课教学应当遵循学生身心发展的规律,教学内容应当符合教学大纲的要求,符合学生年龄、性别特点和所在地区地理、气候条件。

(四)1999年至今的体育课程改革

根据《国务院关于基础教育改革与发展的决定》和教育部《基础教育课程改革纲要(试行)》的精神,教育部分别于2001年和2003年颁布了全日制义务教育体育(1–6年级)、体育与健康(7–12年级)课程标准(实验稿)和《普通高中体育与健康课程标准(实验)》。

2001年教育部颁布《基础教育课程改革纲要(试行)》开启了我国第八次基础教育课程改革的进程,将“为了每一位学生的全面发展”定位为课程改革的核心理念。这一基本的价值取向标志着基础教育课程体系的价值转型。在以人为本的思想指导下,第八次基础教育体育课程的改革,亦倡导“以学生发展为中心”的课程理念,把学生的健康发展作为课程设计和实施的出发点和落脚点。

教育部为适应新时期全面实施素质教育的要求,深化基础教育课程改革,提高教育质量，开始对2001年以来实施的体育与健康课程标准(实验稿)(简称"2001年版标准")进行修订工作。①

2002年，教育部颁布了《全国普通高等学校体育课程教学指导纲要》，对高校体育课程提出了新的要求。

2006年召开了新中国成立以来首届全国学校体育工作会议。

2007年5月7日，教育部颁发了《中共中央　国务院关于加强青少年体育增强青少年体质的意见》(简称中央七号文件)的通知，同年，全面启动了"亿万学生阳光体育工程"。

2010年，《国家中长期教育改革和发展规划纲要(2010—2020年)》(简称《教育规划纲要》)颁布。

2011年，教育部颁布《关于大力推进教师教育课程改革的意见》等，同时颁布了《义务教育体育与健康课程标准(2011年版)》。

第三节　体育课程的理论基础

一、体育课程的生物学理论基础

体育课程的生物学理论基础主要表现在两个方面。一是人体的机能适应性。这是根据生理学新陈代谢规律提出来的。当人体开始运动时，身体承受运动负荷，体内异化作用加强，体内能量储备逐渐下降，这一期间，称为"工作阶段"；经过间歇和调节，可以使体内的能量储备逐渐恢复并接近或达到运动前的水平，这就叫作"相对恢复阶段"；再经过合理的休息和能量补偿，机体功能可以恢复到超过原来的水平，称为"超量恢复阶段"。超量恢复的状况将随着运动负荷的大小和人体新陈代谢能力的不同而有所变化。二是人体生理机能活动能力的变化。在体育课程实施中，学生的身心同时参加活动，在反复的练习和休息的交替过程中，学生的生理功能变化有一定的规律性。从一节单一的体育课来看，人体生理工作能力水平呈上升—稳

①姚蕾，杨铁黎．中小学体育教学评价的基本理论与实践[M]. 北京：北京体育大学出版社，2004.

定一下降的趋势。体育锻炼和运动训练也会给机体的内环境带来很大的变化，长期进行体育锻炼和运动训练将引起机体形态、结构和机能等方面产生适应性变化。体质的增长本质上是机体对科学锻炼的积极适应。机体的基本生理特征，反映了机体与周围环境是一个相互联系、相互作用的统一体。

综上所述，人体生长发育规律、人体生理机能活动能力变化规律、人体机能适应性规律、动作技能形成规律和超量恢复的原理等对体育课程开发、课程内容的设置与选择、体育课程的实施以及体育课程的评价都具有较大的影响。

二、体育课程的哲学理论基础

任何一门学科建设都要受哲学所支配。马克思主义哲学包括辩证唯物主义和历史唯物主义，是研究一切科学的理论基础，当然也是研究体育课程的理论基础。体育课程以辩证唯物主义的认识论作为方法论基础，体育课程实施的过程是学生对客观事物的一种特殊认识过程，学生主要通过身体认知、掌握运动技能进行体育课程学习。学生在学习和掌握体育知识、技术和技能的过程中，必须遵守认识活动的规律，坚持理论与实践相结合的原则，做到理论与实践的具体的、历史的统一。①哲学理论对体育课程的指导作用主要体现在以下四个方面。

（一）对体育本质的认识

体育是人们根据自然和社会的需要，以运动为主要手段，实现人的全面发展的身体文化活动，具有双重性：运动性（自然性）和教育性（社会性）。这两者相互结合、相互作用决定了体育的根本性质。体育具有层次性：初级层次强调的是健身、游戏、娱乐；中级层次注重对人的品格培养和教育；高级层次倾向促进人的自我超越、自我创造、全面发展。

①崔伟.体育课程论[M].郑州：黄河水利出版社，2005.

（二）把握体育的基本矛盾

体育的基本矛盾是人们对身心全面发展的生理、心理、社会需要与人的体质状况、精神素质状况之间的矛盾。人们对身心全面发展的生理、心理、社会需要是矛盾的主要方面，规定着体育的发展方向、路径和形式。人们的体质状况、精神素质状况是矛盾的次要方面，对矛盾的主要方面和整个体育的发展起着制约、影响的作用。两者既对立又统一，构成了体育发展的动力和源泉，并规定着体育的本质及其发展规律。

（三）辩证地看待身与心的关系

增进身心健康是体育的根本目的。身是指人的物质性躯体；心则是指相对于人的躯体而言的精神、观念、情感、意志。身心关系在体育中表现为生理与心理的关系。人的生理是心理活动的基础，说明了心对身、心理对生理的依赖，体现了物质决定精神的哲学原理。人的心理状态对生理的结构、机能具有能动的反作用，如怒伤肝、喜伤心、恐伤肾、思伤脾、惊伤胆，这些都是心对身、心理对生理具有能动作用的实践证明。

（四）辩证地处理动与静的关系

在体育实践活动中，一切体育活动都是动和静的对立统一。从体育实践上说，动是一种机械位置移动，表示体育实践的进行过程，体现了运动的连续性；静是一种位置稳定的状态，表示机械运动的终止，即活动的暂时停顿或休息，体现了运动的间断性。从文化上说，动是指物质性活动，静是指精神性活动。体育中运动的绝对性和静止的相对性处于不断的变化中，动中有静，静中有动，动静结合。动静的适度和科学地处理动静关系，对提高锻炼效果有直接意义。

三、体育课程的社会学理论基础

体育课程作为社会文化的重要组成部分，受到社会政治、经济、文化、科技等方面的影响，同时对社会发展产生一定的影响，即保存、传递和重建体育文化。体育运动能促进人们健康地生活、身心愉悦地工作。通过体育的竞赛规则，体育又能约束和规范人们的行为，促使个体产生遵守社会规章制度、道德规范的意识。体育运动本身就是团体性很强的社会角色演练过程，个体在运动中感受到角色的各种变化，为以后更加顺利地投身社会实践提供了良好的锻炼机会和平台。因此，体育通过各种运动项目促进个体的社会化。

（一）体育与社会

体育作为一种社会现象已经受到人们的广泛关注，并通过一定的渠道逐渐渗透到人类的精神与物质、文化生活之中，与其他社会现象一起共同构成种种联系，相互促进、相互制约、相互影响。体育在社会中的发展影响着现代社会的变迁与进步，现代社会变迁与进步必然影响着体育的进一步发展。

（二）体育与文化

课程的目的从社会学角度来看：一是继承人类的文化遗产，二是要发展人类的文明。文化从广义来说指的是人类所创造的物质文明和精神文明的总和。体育文化作为文化的组成部分，是指人类体育运动的物质、制度、精神文化的总和。文化孕育了体育，体育又丰富了文化的内容，二者相互促进、相互融合。体育课程要达到继承和发展体育文化的目的，就必须依据体育社会学的理论来开发体育课程。

（三）体育与人的社会化发展

人的社会化是指作为自然人成长为社会人，并逐步适应社会生活的过程。人的社会化的实质就是对人类长期积累的文化成果的继承和发展。体育是人类社会文化的结晶，与人的社会化有着明显的联系。体育这种文化对社会的重要功能之一就是促进人的社会化。人的社会化是体育社会化的前提，所谓的体育社会化就是社会化的人参与体育运动对社会的反作用。体育社会化的功能主要体现在两大方面：一是学习与掌握体育的技能、体育的价值规范和体育行为方式；二是学习与掌握适应社会生活的技能、社会价值规范和社会行为方式。这些也正是体育课程的任务。

四、体育课程的教育学理论基础

教育学是研究教育现象及其规律的一门科学。体育在国民教育中占有非常重要的地位，是学校教育的重要组成部分，也是国民教育的构成要素，与德育、智育紧密结合，肩负着为社会培养全面发展人才的历史使命，对社会的精神文明具有积极作用。学校体育是教育的重要组成部分，体育课程是实现学校体育目的的基本途径。教育学理论对体育课程的开发与实践具有宏观的指导意义。因此，对体育课程进行研究就必须把握教育学的基本理论。

首先，要认清教育的目的。教育的目的规定了所要培养人的规格和质量要求，是整个教育工作的核心。在我国，教育的目的在教育方针中得到了具体的体现，即教育必须为社会主义现代化服务，必须与生产劳动相结合，培养全面发展的社会主义事业建设者和接班人。

其次，深度理解马克思关于人的全面发展理论。马克思主义认为，人的本质是一切社会关系的总和，人的发展离不开具体的历史条件，离不开具体的生活条件，也离不开所处的群体。生产劳动同智育和体育相结合，不仅是提高社会生产的一种方法，而且是造就全面发展的人的唯一方法。

最后，仔细梳理德、智、体三者之间的关系。在人的全面发展教育中，德育、智育和体育既是相互独立、各有特殊任务，又是辩证统一的，它们相互依赖、相互融合、相互渗透，以其整体促进人的全面发展，实现全面发展的教育目标。其中，德育是全面发展教育的方向和动力，智育是全面发展教育的核心，体育是全面发展教育的基础。它们相辅相成，缺一不可。

五、体育课程的心理学理论基础

心理学历来对学校课程建设具有重大的推动作用，心理学的原理及研究成果，常常被作为各种课程抉择的依据。关于心理学与课程的关系，杜威曾经有过形象的描述：心理的考虑也许会遭到忽视或推在一边，但它们不可能被排除。心理学和体育学相交叉,重新组成体育心理学,这一学科对体育课程的影响较大,是体育课程的基础学科,对体育课程建设具有较大的促进。

(一)能激发学生体育学习的动机

动机是推动一个人进行活动的内部动因。它能引起并维持人的活动,将活动导向一定的目标,以满足个体的念头、愿望或理想。动机的基本作用有三:始发作用、指向作用或选择作用以及强化作用。动机和需要紧密相连,动机是需要的具体体现,或是需要的动态表现。引起动机的条件是内部需要和外部环境。如何通过体育课程的设置、内容的选择、教学方法的运用来培养和激发学生的动机是非常重要的问题。

(二)能强化体育运动中的认知问题

体育运动的实践与学习是一个完整的认知过程。和从事其他任何一种劳动或活动项目一样,从事体育活动也必然包含许多认识活动。较低级的认识活动包括感觉和知觉,较高级的认识活动就是思维。记忆则是所有认识活动的基础,注意是所有认识活动伴随的特征。体育实践活动中的认识活动是在肌肉运动中完成的,它与其他活动中的认识活动有明显的区别。学生在体育课程的学习中,需要更多地依靠运动感觉来感知、理解和记忆,也需要更多地依靠形象思维和操作思维来快速分析和决策。

(三)能促进学生运动技能的形成和迁移

在体育课程的实施中,学生学习相关的运动技能是基本任务之一。运动技能是指在学习活动、体育活动和生产活动中的各种行为操作,主要是借助神经系统和骨骼来实现。运动技能的习得过程分为动作的认知阶段、联系阶段和完善阶段三个互有区别又紧密结合的阶段,各阶段有不同的心理特征和动作特点。运动技能必须通过在实践中的练习才能获得。已经形成的技能对新技能的形成产生的影响,称为技能迁移。迁移分为正迁移和负迁移两种。在练习中注意利用正迁移的规律,会收到事半功倍的练习效果。

第四节 体育课程的目标

什么样的体育课是一节"好课",或者说判断一堂体育课是否有效,我们可以看该堂课完成了多少预期的课程目标。因此,无论体育课从课程的层面还是从教学的层面都不能回避一个问题——那就是"体育课程目标",如果一堂体育课脱离了目标,未围绕课程目标把握总体方向,或者未设定教学目标,或者在课堂结束以后实现不了预定的目标,都不能证明该堂课十分有效,换句话说,该堂体育课也算不上是节"好课"。

一、体育课程目标概述

人类任何有意识的活动总是以一定的目的作为起点和归宿的。教育的目的在教育活动中具有指导地位,对整个教育活动具有定向的作用。教育的目的是社会对教育所要塑造的社会成员的质量规格的总规定,即人们期望通过教育对受教育者的身、心、社会诸方面产生怎样的结果或所要达到的预期质量规格的标准,是所有教育工作的出发点和归宿点。教育的目的都要以课程为媒介才能得以实现,而课程本身就可以理解为是使学生达到教育目的的首要手段。

(一)课程目标的界定与特征

课程是由课程目标、课程知识和学习活动方式组成的。任何一门学科课程都是这三种基本成分的有机结合。课程目标作为课程实施的起点,制约着课程设计与实施的方向,规定着课程内容的构成和学习活动方式的性质,因此在课程中起着至关重要的作用。具体什么是课程目标?我们可以用一句话来简单阐述,所谓课程目标就是一定教育阶段的学校课程力图促进该阶段学生的知识、技能以及身心健康的全面发展所要达到的预期目标。[①]具有四个方面的特征:

①董翠香,贾洪洲,季浏.新世纪10年基础教育体育课程改革热点问题研究综述[J].西安体育学院学报,2013(1):120-123.

第一,时限性,即课程目标要同特定的教育阶段相联系,而不是对所有教育阶段的预期目标的笼统规定。

第二,具体性,即课程目标要详细描述学生身心发展的预期目标,明确学生所要达到的发展水平。

第三,预测性,即课程目标所描述的目标是预期的不是实际的目标,是学生发展状态的理想性规划。

第四,可操作性,即课程目标是明确的,可以付诸实施,不是一般性的规划,与教育目的不同。

(二)体育课程目标的界定

体育课程目标是在整个课程编制过程中最为关键的准则,是指为完成教学任务进行的课程实施,在一定的时间和空间范围内,师生双方经过努力所要达到的教学结果的标准、规格或状态。它是体育教学的出发点和归宿点。体育课程作为学校课程体系的重要组成部分之一,和其他课程一样,其任务都在于实现国家的教育目的(或者总目标)和教育目标(培养目标),是学校体育教育的核心,由此,体育课程目标在很大程度上影响着学生在体育方面的发展,甚至起制约作用,这取决于体育课程目标制订的科学性及合理性,也取决于目标的不同取向与形式。

首先,行为目标。毛振明教授曾指出目标的基本要求是可以去规范自己的行为,因此课程目标一定要具体,要详细,要让学生看得见,要让学生可以去评价。这样的目标才会有意义。目标不怕小,只要能为培养的总目标服务。泰勒在1931年说过:需要根据行为来陈述目标。这是他对课程的贡献,并因此他被称为“行为目标之父”。但他也曾提到这样一个事实:如果有关的学生能够一般化到某种程度,就应该根据这种一般化行为清晰地界说目标 。

其次,展开性目标。展开性目标关注的不是事先规定的目标,而是强调教师根据课堂教学的实际进展情况提出的相应目标。展开性目标注重的是过程,在课程上很具有吸引力,但它们过于理想化,过程的可控性不强,对结果的评价可操作性很差。

最后，表现性目标。表现性目标是对课程的行为目标的一种补充。在体育课程目标中，除了行为目标之外，还应该有解决学习技能、人际交往等各种问题的目标。解决这些问题的方式是多种多样的，而且不可量化，更不可能像行为目标那样事先给出明确的规定。这类目标不是把重点放在特定的行为上，而是放在认知灵活性、理智探索和高级心理过程上，是学生在从事某种活动后所得到的结果。

综上所述，就现代体育课程发展的动态性和其教育任务的多元性而言，上述三种体育课程的目标取向形式无疑从不同的角度阐释了体育课程教育活动的内涵特质，但同时也应指出，其任何一种单一的目标取向，都难以全面反映出现代教育目标的实践特征。

（三）体育课程目标的特征和功能

1.体育课程目标的特征

体育课程目标的特征主要表现在以下几个方面：

第一，整体性。各级各类的体育课程目标是相互关联的，而不是彼此孤立的。

第二，阶段性。课程目标是一个多层次和全方位的系统，如小学体育课程目标、初中体育课程目标、大学体育课程目标等。

第三，延续性。高年级的课程目标是低年级的课程目标的延续和深化。

第四，层次性。课程目标可以逐步分解为总目标和从属目标。

第五，积累性。低年级课程目标是高年级课程目标的基础，没有低年级体育课程目标的积累，就难以达到高年级的课程目标。

第六，时间性。随着时间的推移，体育课程目标会有相应的调整。

2.体育课程目标的功能

体育课程目标决定着体育课程实施的方向以及体育课程内容和教学方法的选择。体育课程目标的功能具体表现在四个方面：

第一，为体育课程内容与教学方法的选择提供依据。判断什么学习内容最有价值，最符合教育目的、教育目标（包括学校体育目标）和体育课程目标的要求（体育课程内容的选择）；什么教学方法最有价值、最能取得好的教学效果（教学方法的选择)，均应以体育课程目标为重要依据。

第二，为课程组织提供依据。把体育课程组织为怎样的类型(体育基础课程或体育选项课程，必修体育课程或选修体育课程)在很大程度上取决于体育课程目标，因为目标反映了特定教育价值。

第三，为体育课程实施提供依据。体育课程实施过程在某种意义上是创造地实现体育课程目标的过程。因此，体育课程目标必然是体育课程实施过程的重要依据。

第四，为体育课程评价提供依据。体育课程评价是用一种标准对体育课程进行价值判断，而体育课程目标是这种判断的基本标准。

二、体育课程目标的确定

基础教育体育课程目标体现了国家对不同学段学生在体育与健康知识、身体健康、运动技能、心理健康、社会适应能力等方面的基本要求。确定学校体育课程目标要考虑学校体育自身特点，要充分反映国家和社会发展的需要，要适应学生身心发展的需求和特点，还要考虑我国的国情。①

(一)确定我国学校体育课程目标的依据

1.社会生活的需求

学生的个体发展总是与社会发展交织在一起。社会生活需求就是社会发展的客观要求。人们要想提高生活质量，就必须考虑自身所在的群体和社会发展提出的要求。社会生活需求是指社会政治、经济、科学文化、生产力发展对学校体育课程提出的要求。我国改革开放和现代化建设事业已经迈进了新的世纪，面对新的形势，我国体育课程要适应新形势对人才的要求。这一要求主要通过国家对教育的要求和对体育的要求以及教育、体育对学校体育的要求体现出来，集中反映在“育人”的规则和要求上。党和政府的有关法令、政策、方针、指导意见等文件，是国家和社会

①王文生，等.体育教学论　体育方法学　中学体育教材教法[M].桂林：广西师范大学出版社，2000.

需要的集中反映和概括，教育家、体育家的学术思想和观点也反映在党和政府的这些文件中。这是确定学校体育课程目标的主要外部依据，以社会对人才的要求作为课程目标的确定依据，是以承认现存社会目前的需要为前提的。

2.学生身心发展需要

学生作为学校体育课程的主体，其身心发展需要是学校体育课程目标制订的客观要求。体育教育的工作要求、内容选择、安排和组织形式，以及教育、教学、训练方法手段等，都要以学生身心发展的规律为条件。不同年龄段的学生，其身心发展的特点是不一样的，体育教育工作必须按照学生身心发展特点来进行，才可能有针对性，才能达到预先设计的目标。因此，学校体育课程目标只有适应学生身心发展需要，才能具有客观性和可行性。学校体育课程目标需以此为依据，充分体现不同学段学生的身心发展特点。学生需要与社会需要并不矛盾，适应学生身心发展需要是满足社会需要的前提，满足社会需要可以保证学生身心正常发展，促进学生获得最大发展的可能性。

3.学校体育功能的需要

学校体育本身的功能是制订课程目标的重要信息，是课程内部特征的反映，是课程实施过程中，学生所要获得的体育教育的结果。学校体育功能是其结构特性的反映，确定学校体育课程目标必须要考虑学校体育本身具有什么功能，这些功能与学校体育课程目标的关系，这些功能能否支撑学校体育课程目标的实现。否则，学校体育课程目标则成为难以实现的空中楼阁。只有依据学校体育功能、特点确定学校体育课程目标，才能使目标实现成为可能，也才能充分发挥出学校体育的功能。

4.我国国情的现实状况

我国现处于社会主义初级阶段，党和政府十分重视学校体育教育工作，对学校体育教育工作有统一的指导和管理，学校体育必须坚定不移地为培养社会主义事业的建设者和接班人服务。《国家学生体质健康标准》(2014年修订，以下简称《标准》)，是我国监测青少年体质健康状况的指令性文件。《标准》取消了选测项目内容。在分组上，小学、初中、高中按每个年级为一组，大学一、二年级为一组，三、四年级为一组。在各组中，身高、体重、肺活量、50 m跑、坐位体前屈等是必测项目。在大学生和中学生中，男生必测1000 m跑和引体向上，女生必测800 m跑和1分钟仰卧起坐。如何在开展学校体育教育工作的同时，促进学生体质健康水平稳步提升，也是新时期学校体育课程目标的重任。

（二）确定我国学校体育课程目标的基本程序

1.了解教育目的和学校教育目标

教育目的和学校教育目标是体育课程实施的终极目的，是特定教育价值观的体现。体育课程目标要体现教育目的和学校教育目标。需要注意的是：首先，在体育课程中要加强人本主义教育，以学生的身心健康发展为核心，关注学生人格与个性的培养，在课程目标的实现中充分考虑学生对体育运动的情感、习惯和已有的运动实践经验，确立学生的运动主体地位与尊严，全面关注和关怀他们；其次，还需要加强体育基础知识、技能、方法和保健方面的教育，注意提升体育知识技能和方法教育的全面性，既要对学生传授体育知识技能和方法，更要培养学生的体育人文精神和体育综合素养。

2.研究编制体育课程目标的基本依据

这就需要调查了解学生的需要、当代社会生活的需要、体育学科的发展，并理顺三者之间的关系。体育课程目标和体育课程设计究竟应该以什么为基点？当体育课程设计的基点确定后，应如何处理好体育课程目标体系中不同层次目标之间的关系？解决这些问题的思路就构成了体育课程的向度观，这是确定合理体育课程目标的关键所在。

3.确定体育课程目标的基本取向

在体育课程目标的取向中如何在行为目标取向、展开性目标取向、表现性目标取向之间做出正确选择？怎样处理这几种目标取向之间的关系？这不仅反映了特定的教育价值观，也与体育课程设计的向度观有着内在密切联系。目标取向的确定为目标内容的选择和目标的陈述奠定了基础。

4.确定体育课程目标

确定了体育课程目标的依据和基本取向后，体育课程目标的基本内容也就确定下来了，在这种条件下，可以进一步获得内容明确而具体的体育课程目标体系。

（三）确定学校体育课程目标的基本方法

1.筛选法

第一，预设若干项课程目标，涉及课程的各个方面。如“增强体质，掌握和应用体育与健康基本知识和运动技能”，“建立和谐的人际关系，具有良好的体育人文精神和体育道德素养”。

第二，书面征求体育管理、体育教学、体育科研专家对预设课程目标的意见，允许他们修改或补充其他目标。

第三，把原先预设的体育课程目标和修改或补充的其他目标汇总在一起。

第四，根据汇总的体育课程目标，依次选出若干项最重要、最核心的目标。

第五，根据统计结果，将选出的课程目标按照最重要、重要、较重要、次要、一般的顺序进行排序，确定排序靠前的若干项课程目标。

2.参照法

在确定体育课程目标的过程中，参照过去的课程目标和其他国家现有的课程目标，根据本国或本地区的实际情况，确定符合本国或本地区情况的体育课程目标。

除上述两种方法，还有其他多种多样的方法。确定体育课程目标从来就没有固定、统一的模式和规范，如果一成不变地采用上述两种方法，未免过于教条和死板。

三、体育课程目标的构成

改革开放40多年，基础教育学校体育课程目标逐步发展为由课程总目标、学习领域目标、水平目标、内容标准要求等组成的体育课程目标新体系。体育课程目标体系围绕“增强体质、促进身心健康”的核心不断发展、完善，最终目的是促进学生身心全面发展和人与社会的和谐发展。①

《中国教育大辞典》解释课程目标是课程本身要实现的具体目标，即一定教育阶段的学生在发展品德、智力、体质、情意、社会协作等方面达到的程度，主要包括四

①季浏.中国健康体育课程模式的思考与构建[J].北京体育大学学报，2015(9):72-80.

类：一是认识类，二是技能类，三是情感类，四是应用类。美国海德洛特从对体育教师的调查得到的结果也认为体育课程目标在组成上包括四个方面：一是认知目标，二是情感目标，三是运动技能目标，四是增强体质目标。海德洛特还按照调查的结果，对每类目标又分成“最重要、次之、再次之、最不重要”等级别。我国体育课程正在摆脱单纯生物性目标的束缚，向身体、心理和社会方向迈进，这也是当今体育课程发展的趋势。

（一）体育课程的总体目标

《中共中央、国务院关于深化教育改革，全面推进素质教育的决定》指出：“健康体魄是青少年为祖国和人民服务的基本前提，是中华民族旺盛生命力的体现，学校教育要树立健康第一的指导思想，切实加强体育工作”。正是在这一思想的指导下，体育课程的总目标是促进个体健康，将“健康第一”放在首位。“健康第一”是一个广义的概念，不是仅指身体健康，而是用健康来表达人才的总标准。就人与社会的关系而言，符合现代社会要求的人才就是健康的人。

现代奥林匹克运动越来越被世界共同崇尚的根本原因就是其能够充分展示人类体能向更快、更高、更强方向发展。体育是促进人民健康，增强人民体质，充分发挥人的劳动能力的一种积极的科学健身方法，并能帮助人们培育勇敢、坚韧、机智、刻苦耐劳、团结协作、顽强拼搏的优良品质。体育运动也是改善人民健康、陶冶情操最积极有效的一种手段。

在此基础上将我国学校体育课程的总目标确定为：增强学生体质，提高学生体质健康水平，促进学生身心、社会全面发展，培养学生良好的科学运动习惯与身体协调的运动能力，为学生的终身体育奠定基础，使其成为具有时代精神的德、智、体、美、劳等方面全面发展的社会主义事业建设者和接班人。

（二）体育课程的具体目标

我国学校体育课程的总目标，体现了学校体育的本质特征，反映了我国社会、教育、体育发展对学校体育的要求和学生身心发展的需要，对整个学校体育发展起着导向性作用。为实现学校体育课程的总目标,必须要实现学校体育课程的具体目标。

1.全面锻炼学生身体,提高学生体质健康水平

通过多种体育运动途径,组织指导学生科学、积极主动地全面锻炼身体,促进其身体的正常发育,使学生在身体形态、身体姿势、身体机能、身体素质、身体免疫能力、身体基本活动能力以及运动轨迹、运动技能、环境适应能力、疾病抵抗能力和精神状态等方面得到全面的发展,不断提高学生的体质健康水平。

小学和初中阶段的学生正处于身体迅速生长发育的时期,重点要促进身体正常发育、养成正确的身体姿势,增强体力,发展身体基本活动能力,把握住身体素质发展的最佳时期,全面发展身体机能。

到了高中阶段,学生生长发育速度逐渐减慢,体育课程目标的重点是要保持并增强学生的体力,继续发展学生身体素质,特别是力量和耐力素质。

大学阶段,学生身体发育已近完成,还要继续加强锻炼并提高要求,可以结合不同专业对身体素质的特殊要求,有针对性地发展专业所需身体素质,进一步提高身体健康水平。

2.促进学生掌握“三基”,培养运动兴趣,养成良好习惯

要通过体育课、阳光体育活动、学校运动训练与竞赛等组织形式,对学生进行体育、卫生保健与健康等方面的教育,使学生掌握体育、卫生保健、健康等方面的基础知识,发展基本活动技能和运动技能,学会科学的锻炼方法,培养学生对体育的兴趣、态度、能力和习惯,为终身体育打下良好的基础。

小学生要重点了解体育、卫生保健、健身运动、娱乐游戏、健康生活、安全预防的一般常识,掌握一些基本的体育动作,发展自然运动能力和基础运动技能,培养学生热爱体育锻炼的兴趣和良好的体育运动态度。

初中生要适当加强对体育知识和运动技术技能的学习,培养学生独立锻炼的能力、态度、习惯。

高中生和大学生则要加强体育、卫生保健和健康知识的学习,保持和提高所学运动技能水平,掌握锻炼身体的方法,形成运动特长,为终身体育奠定良好基础。

3.加强学生德育和美育教育,促进全面发展

学校体育应通过各项活动,教育学生为社会主义现代化建设锻炼身体,提高团队意识和社会责任感,培养热爱社会主义祖国、遵纪守法、诚实可信、公平对待、顽强拼搏、吃苦耐劳、团结协作、积极上进、开拓创新等良好的思想品德和体育竞赛作风,并培养认识美、会审美、热爱美、创造美的能力,促进个性的全面发展。

小学阶段重点让学生体验运动的乐趣、热爱运动,培养学生团结友爱、相互尊重、遵纪守法、自尊自信、乐观向上等品质和强烈的爱国主义情感。

中学阶段要强调让学生树立正确的体育道德观念和态度,结合体育相关项目的特点,对学生施以生动活泼的人文教育和审美教育,培养进取精神、拼搏精神、协助精神、人文精神和审美情趣,逐步培养体育审美意识和锻炼习惯。

4.发展学生运动能力,为国家培养体育后备人才

学校体育课程在让每名学生都得到锻炼的基础上,应对部分体育基础较好并有一定运动天赋的学生在课余时间进行科学、合理的运动训练,进一步提高他们的体质健康水平,发展他们的运动技术能力,形成运动特长,培养学校大众体育活动的骨干,为提高学校竞技运动水平服务,促进学校体育、竞技体育、群众体育三者协同发展。有条件的学校,要为国家培养和输送竞技体育和其他体育人才及其后备力量。

在中小学阶段,重点是选好苗子,培养兴趣,打好基础,特别要注意处理好课余训练与文化课学习的关系,要在保证学生文化学习的基础上,对学生进行训练。

在大学阶段,一般高校要通过课余训练传承学校的体育文化、培养群众体育骨干;部分招收高水平运动员、体育条件较好的大学和体育院校,则要承担起提高我国学生竞技运动水平的责任,努力攀登世界竞技运动高峰,并积极探索包括建设“体教融合”的高水平运动队和俱乐部等多种形式和渠道在内的、促进竞技体育可持续发展的长效机制。

(三)体育与健康课程的教学目标

体育与健康课程是一门以身体练习为主要手段、以增进中小学生身心健康为主要目的的必修课程,是学校课程体系的重要组成部分,是实施素质教育和培养学生

德、智、体、美、劳全面发展所不可缺少的重要途径。

体育与健康课程的基本理念是:坚持现代教育思想的指导,促进学生健康成长;激发学生运动兴趣,培养终身体育的意识;以人为本,尊重学生的主体地位;关注学生个体差异与不同需求,确保每一位学生在课程的学习中受益。体育与健康课程对于提高学生的健康水平,促进学生的全面协调发展与培养社会主义现代化建设所需要的高素质劳动者具有极为重要的作用。

从目标与手段的关系来看,“体育与健康课程”中的“体育”是手段,而“健康”是目的,我国目前初中的体育与健康课程就属于此种含义的课程。

1.获得运动知识和技能

通过本课程的学习,学生能够掌握体育的基本运动知识和技能,并学会一些常规的自我锻炼方法与手段,形成终身体育锻炼的意识和习惯;学生可以根据自己的兴趣爱好和不同的需求,选择自己喜爱的方法参与体育活动,挖掘运动潜力,提高体育审美情趣、欣赏能力,形成积极的生活方式;学生可以提高健康运动中的安全防范能力,获得在环境中的基本生存技能。

2.增强学生的运动参与性

运动参与是学生发展运动体能、获得运动技能、提高健康水平、增强社会适应能力的重要途径。体育与健康课程通过形式多样的教学手段及丰富多彩的活动内容,促使学生主动、积极地参与体育活动。只有学生养成长期锻炼的习惯,才会使参加体育活动成为生活中不可缺失的部分,终身体育的意识和行为才能形成。体育与健康课程在努力促进学生积极参与体育活动的基础上,使他们懂得科学锻炼方法,如此,体育的健康价值才能真正体现,体育与健康课程的整个目标才能真正实现。

3.提高学生身心健康水平

学生在体育与健康课程的学习中,能掌握健康知识和科学健身方法,提高对身体和健康的认知水平,坚持锻炼,增强体能,促进身体健康。同时,学生将养成健康的行为习惯和生活方式。此外,学生在课程的学习中,会在一种和谐、平等、友爱的运动环境中感受到集体的温暖和情感的愉悦;在挫折和克服困难的过程中,提高抗挫折能力和情绪控制能力，培养坚强的意志品质；在不断体验进步或成功的过程中，增强自尊心和自信心，形成积极向上、乐观开朗的人生态度。

4.增强学生社会适应能力

通过对体育与健康课程的学习，学生将理解个人与群体的密切关系，建立起对自我、群体和社会的责任感，形成现代社会所必需的合作与竞争意识，并在体育活动中学会尊重和关心他人，表现出良好的体育道德、体育人文精神以及团结协作的集体主义和强烈的爱国主义精神。

问题思考：

1.什么是体育课程？体育课程的价值取向以及基本特征是什么？

2.谈谈体育课程的起源与发展历程。

3.体育课程的理论基础有哪些？确定我国学校体育课程目标的依据及基本程序是什么？

第四章 民族传统体育课程资源开发

第一节 民族传统体育融入学校体育课程的战略思考

学校体育教育活动不仅是以学生在校期间的教育活动为中心，而且要着重解决学生在校期间的体育教育能使其终身受益的问题，其核心在于使学校体育教育贯穿于人的始终。

一、确立民族传统体育在学校体育教育中的地位和价值

(一)民族传统体育在学校体育教育中的地位

将民族传统体育引入学校体育教育中，首先要确立民族传统体育在学校体育教育中的地位和价值，树立民族传统体育观念。我国学校体育的发展从20世纪50年代“三基”教育起，在70年代发展为以单纯的体质锻炼为目的的基础课和素质课，再到以促进学生身心全面发展的终身体育。虽然出现了按兴趣、特长分组的选项课和专选课，但民族传统体育课程没能切实进入体育课堂，民族传统体育在学校体育教育中没能真正地确立自己的地位。

其次，在学校教育中应广泛拓展民族传统体育的发展空间与适宜环境，使之成为学校体育校本课程资源开发的重要内容。在学校体育课程改革与建设中，要积极弘扬民族传统体育文化，以增强学生的民族自豪感、使命感与荣誉感，努力提高民族传统体育在学校教育中的地位和价值。

(二)民族传统体育在学校体育教育中的价值

在学校体育课程的改革中积极引入民族传统体育，使学生全面发展，其价值表现为：

第一，民族传统体育中含有德育元素。通过民族传统体育课程的教学、表演、训练和竞赛，对学生进行爱国主义、民族精神、民族风貌和集体主义教育，消除陌生感、自卑感，树立民族信心。

第二,加强民族学生之间的凝聚力。各族学生在课堂上分享民族传统体育带来的乐趣、魅力、技术,使各民族之间相互了解、相互团结、相互帮助,营造奋进向上、奋发图强与团结一致的氛围。

第三,民族传统体育课程资源中含有智育的元素。通过对民族传统体育理论及实践的认知与学习,可不断扩充知识面,丰富智育内容,促进学生多样化兴趣发展。

二、学校体育课程建设中引入民族传统体育的可行性

在学校体育课程建设中开发民族传统体育项目课程资源,更能体现出民族风格,同时也有发展民族传统体育项目得天独厚的条件。

首先,学校领域有来自民族地区的学生,对民族传统体育耳闻目睹,兴趣浓厚,也具备一定的民族传统体育认知基础。

其次,学校的场地、器材和设备、科研软件及师资力量等软硬件条件能满足民族传统体育课程的开展与实施。

最后,学校教师对民族政策、民族风俗习惯、宗教信仰都很十分了解,对于民族传统体育项目的拓展、改造、研究和创新可提供全方位的服务。总之,在学校体育课程建设中发展民族传统体育是切实可行的。

三、大力加强民族传统体育师资队伍建设

开发民族传统体育课程资源为学校体育教育工作提出了新的要求与挑战,同时也为从事体育课程教学工作者提出了新的思路。为实现学校体育的培养目标,为民族传统体育的大力发展,必须加强学校民族传统体育师资队伍的建设,加强对外交流与继续教育,增加他们的民族意识、民族传统体育与文化知识,强化民族传统体育运动技能,让他们能够更好地胜任教学训练。因此有组织、有计划地安排体育师资培训工作,是发展民族传统体育的基础工程。

第二节 民族传统体育课程资源开发的基本概况

我国是一个多民族国家,各民族民间传统体育文化有着非常大的差异,民族传统体育项目种类颇多、形式多样,具有鲜明的传统性、民族性和区域性,如维吾尔族的舞蹈、蒙古族的摔跤、锡伯族的射箭、土家族的摆手舞、苗族的爬坡杆等。从区域的分布情况来看,南方的龙舟竞渡、大漠的赛驼、草原的骑射、山地的竞技、丛林的射弩等民族传统体育活动,都深受各族人民的喜爱。

学校体育课程资源的建设与开发应当具有民族特色,这有助于各校形成特色,也使课程内容与学生的生活紧密结合在一起。民族传统体育项目有很多内容,开发和利用时要根据学校的地域特点、社会环境因素、学生具体情况来进行,也可以对一些内容进行改造创新,使他们适合中小学生的身心特点。经过改造的民族传统体育项目,将成为具有中国特色的体育与健康课程新内容。

一、民族传统体育课程资源的概念解读

(一)课程资源的概念

对资源而言,《辞海》中对资源的解释是:生产资料或生活资料等的来源。课程资源也称教学资源,就是课程与教学信息的来源,或者指一切对课程和教学有用的物质和人力。换句话说,课程资源是课程设计过程中可以利用的人力、物力以及资源的总和,包括教材、学校、家庭、社会中有助于提高学生素质的各种资源。课程资源有广义和狭义之分。广义的课程资源就是有利于实现课程和教学目标的各种因素,即课程实施所需要的资源;狭义的课程资源仅仅指形成课程与教学的直接因素来源。我们通常所指的课程资源属于广义上的课程资源范畴。基于以上对课程资源的分析,本书把课程资源界定为:课程资源是指有利于课程实施与生成的各种因素与条件,其既包括形成课程的要素来源,又包括了实施课程的必要而直接的条件。

（二）民族传统体育课程资源

民族传统体育课程资源是课程资源的重要组成部分，其与课程资源的概念在内涵上应该是一致的。关于民族传统体育课程资源，有学者认为，民族传统体育课程资源是指“在学校体育领域形成民族传统体育项目与健康课程的因素来源以及在促进学生全面发展和健康成长过程中可利用的一切必要而直接的条件”，可分为广义和狭义。广义的民族传统体育课程资源是指有利于在学校体育教学中传承中华民族传统体育文化和实现体育课程目标的各种因素；狭义的仅指形成民族传统体育课程的直接因素来源。

在此基础上给民族传统体育课程资源下一定义：在学校体育教学实施过程中，通过民族传统体育活动形式，在民族传统体育课程的设计中充分利用人力、物力以及体育资源的总和，包括体育教师、学生、教学管理工作者、教学方法、教学手段、场地设备、时间和空间等一切有助于传承中华民族传统体育文化与民族传统体育课程生成、设计与实施的各种因素与条件。

二、民族传统体育课程资源的分类

民族传统体育课程分类有多种方法，根据不同的标准可分为不同的课程资源类型。如：根据民族传统体育课程资源的功能与特点，可以分为素材性民族传统体育课程资源（民族传统体育知识、经验、技能、运动项目）和条件性民族传统体育课程资源（体育师资、场馆、器材、图书资料等）；根据民族传统体育课程资源的空间分布，可以分为校内民族传统体育课程资源（校内体育师资、校内体育场馆和设备等）和校外民族传统体育课程资源（学生家长、著名运动员、社区体育俱乐部和体育指导员）；根据民族传统体育课程资源的性质，可以分为自然民族传统体育课程资源（学校附近的山脉、森林、河流、湖泊、沙滩、草坪、堤、坡、坝等）和社会民族传统体育课程资源（学校的体育场馆、社区体育健身器材、图书馆等）。

在课程内容的分类上，民族传统体育课程内容大体可分为以下几类：

第一，以嬉戏娱乐为主的民族传统体育课程内容：主要以闲暇消遣、健身娱乐为主要目的。

第二，以竞赛为主的民族传统体育课程内容：既有游戏娱乐的成分，又有竞赛的内容，是一种以竞赛体力、技巧、技能为内容的娱乐游戏活动。

第三，配合节庆习俗的民族传统体育课程内容：是一个民族特有的传统庆典活动，构成一种寓意深刻的、独特的文化表达方式，在文化传递中起着重要的作用。

根据不同标准对民族传统体育课程进行划分都有其理论依据，但大多数是学校在体育课程改革的实践中摸索总结出来的经验。只要是利于学校对民族传统体育课程资源的利用和开发，采用何种方式划分都有其合理性。

三、民族传统体育课程资源的特征

（一）多元性

民族传统体育课程资源的多元性是指在民族传统体育课程的实施中可以利用与开发的资源不是单一的，而是多元化的。既有来自自然界的地理资源，如空气、阳光、沙滩、海洋、湖泊、冰、山、雪、季节等，也有来自社会的，如家庭体育活动、社区体育活动竞赛、民间传统体育艺术与技能表演（典型的就是杂技、舞龙、舞狮、踩高跷、竹竿跳等）、少年宫体育活动、体育俱乐部活动等；既有校内的，如早操、课间操、课外体育活动等，也有校外的，如体育馆、健身俱乐部、社区游泳馆等；既有人力的，如教练员、教师、学生、家长等，也有物力的，如体育场地、设施设备和器材等；既有文字的和实物的，如书籍、资料、报刊等，也有活动的信息化，如音像、影视作品等。

（二）具体性

民族传统体育课程资源虽然呈现出多样性特点，但任何体育课程资源都因地域、文化传统、学校以及师生各自的差异而有所不同。因此，民族传统体育课程资源也有具体性。这种具体性主要表现在不同的地域下，由于可以利用与开发的课程资源不同，其组成和表现形式也存在差异；不同的文化传统背景下，人的价值观念、道德意识、风俗习惯、宗教信仰等具有独特性，相应开发出来的体育课程资源也各具特色；学校性质、办学规模、目标、位置、经济实力、传统以及教师素养的不同，也使得学校和教师在利用与开发体育课程资源的范围和力度上产生差别;学生个体差异以及家庭背景的不同,可供利用与开发的这部分民族传统体育课程资源区别很大,在利用民族传统体育课程资源的成效上也有所不同。

(三)潜在价值性

民族传统体育课程资源的开发是利用的前提,利用是开发的目的,二者是密切联系在一起的共同体,而开发的过程也包含着一定的利用。从这个意义上说,一切民族传统体育课程资源都具有潜在价值性,也许在某一段时期内,某种民族文化资源还不能为体育课程所利用,甚至不被认为是民族传统体育课程资源,没有被充分地挖掘和开发出来,但随着时间的推移,这一课程资源的优势和可利用性越来越凸显,进而可能成为新的课程资源。如:土家族的健身运动项目“竹铃球”进入学校体育领域后,它只是一项体育课程内容资源,但还不是体育课程内容,如果要将其转化为体育课程内容,就必须对其进行估测、场地、设施、方法等方面的加工和改造。

(四)差异性与特色性

民族传统体育课程资源在不同的地域空间和文化背景下存在着很大的差别。第一,不同的地域,体育课程资源开发和利用在种类、多寡、存在状态和结构上具有很大差异。如:沿海与内地之间、农村与城市之间、平原与山区之间、汉族聚居地与少数民族地区之间。

第二,在不同的民族文化背景下,人们的价值观念、伦理意识、风俗习惯、宗教信仰等具有各自的独特性,相应的体育课程资源亦各具特色。

第三,学校的性质、规模、办学条件等不同,可以开发的民族传统体育课程资源也不尽相同。

第四,体育学科的专家和体育教师们的教育背景、教育思想、研究领域、知识修养、教育教学方式等方面的差异,使他们对民族传统体育课程资源的认识和理解各有不同。同样的体育课程资源,在他们眼里可能具有不同的价值,因而在具体开发过程中的出发点、采用的手段方法和程序等也就有可能不一样。

第五，学生个体差异（如身心发展水平、生活经历）与家庭社会背景不同，可供开发的民族传统体育课程资源也必然是千差万别的。所以，在民族传统体育课程开发过程中，不要一味追求统一性，而应该更多地体现地域特色、民族文化特色、学校办学特色以及学生自身特点等，最大限度地将这种差异性转化为民族传统体育课程内容资源的丰富性、价值性和具体性。

（五）过程性与新生性

第一，民族传统体育课程资源的开发本身就是一个在时间上不断延续的纵向发展过程，这一过程既是体育教师不断积累专业知识和技能、不断成长的过程，也是学生学习目标不断实现、学生体育综合素养和核心价值不断改进提升的过程。

第二，民族传统体育课程资源的开发又是一个不断生成的更新活动，这不仅表现在体育教师在这一过程中不断进行开拓创新、不断生成各种新的教学经验，而且还体现在学生在此过程中也不断进行自主创新，他们通过自己的经验来不断建构自我认识，并形成新的经验。

这一过程中学生学习的过程性成果、中间生成物和学生的收获、自感自悟的成果等都是宝贵的课程资源，他们对学生的健康发展有着尤为重要的助推作用。如：在体育课堂教学实践中，根据项目特点让学生自己创编游戏活动，一方面可以使学生体验到游戏的乐趣，并获得创编游戏的步骤与方法，另一方面学生所创编出来的游戏也可以成为新的课程内容，即学生的经验经过开发转化成为新的课程内容。

第三节　民族传统体育课程资源开发的意义

随着社会的不断发展，越来越多的人认识到，如果没有课程资源的广泛支持，再好的教育改革设想也很难变成实际的教育成果，课程资源的丰富性程度决定着课程目标的实现水平，因此，新一轮的基础教育新课程改革明确提出了课程资源的开发这一实际问题。对于民族传统体育课程来说，在城乡和不同地区学校体育设施、设备的差别日益加大的情况之下，要促使所有学生达到体育课程标准提出的目标要求,努力开发与利用民族传统体育课程的各种资源显得尤为重要。

一、能够促进体育课程目标的达成

民族传统体育课程资源的开发有利于打破传统单一的课程观念,确立与社会化终身体育活动相适应的课程观念,促进体育与健康新课程目标的实施。民族传统体育课程资源的开发为体育课程目标的实现提供资源保证;为体育课程知识、过程与方法、情感与态度多层次标准的实现提供可行性;为学生探究式、开放式、合作式学习提供支持系统;为在家庭、社区、社会范围内开发新的体育活动资源提供途径、方法和范例。民族传统体育课程的开发利用有助于唤起人们的课程资源意识,提高人们对体育的认识,发挥校外与社会体育公共场所和设施的作用。

二、能更好地促进学生健康发展

[illegible]育特色课程资源的开发将更好地促进学生成长。这一课程的开发不仅大[illegible]现有的体育课程教学内容,还将直接导致体育教学方法的改革。新的体育课程资源引入其中,会带动体育教学手段、教学组织形式等方面的全面改革;丰富的体育课程资源有利于推动现行体育课堂教学的改革,学生的主体性会极大地提高,全面发展学生的实践能力、学习兴趣、创新能力等,充分发挥学生的主观能动性,使体育教师与学生之间的关系不再是主客或主动与被动的关系,有助于教学中民主、平等意识和观念的确立,使教学过程演变成为一种平等的、合作或协作式的互动,为学生创造性和探索意识的培养提供条件和基础。

三、能促进体育教师专业水平与核心素养的提高

体育教师是最重要的体育课程资源,同时也是体育课程资源的开发主体。课程开发就是教师的专业发展,没有体育教师的专业发展,就没有体育课程的开发。校

本课程资源的开发和利用需要每位教师各尽其职。民族传统体育课程资源的开发对体育教师的教学视野、教学理论与实践水平、文化素养起到了极大的促进、推动，甚至是挑战的作用。

课程的开发在很大程度上引入学生需要、学生实践、学生生活等内容，可以最大限度地满足青少年的多层次需求，促进青少年个性、习惯、品格、身—心—群、社会适应等的健康和完善，这也必将使体育教师在教学训练与科研中的指导地位更加凸显。体育教师不仅要学习体育与健康课程理念，领会新课标精神，还要能在教学工作实践新课标、实践新课改；不仅要掌握精干的运动技能，还要钻研针对运动技能采用何种教学技能；不仅要了解多种运动项目的性质特点，还要能创造性改编、创新教学和运动训练方法与手段。通过这一系列的学习和实践，体育教师的核心素养会不断提升。

四、能促进学校体育、竞技体育和群众体育三者的协同发展

长期以来，学校体育在理论层面上被认为是学校内部的体育活动。如今大家已逐步认识到学校体育不应该仅仅局限于校园内部，而应该逐渐与竞技体育、群众体育紧密结合，并在结合中相互借鉴与发展。但是，如何才能在学校体育与竞技体育和群众体育之间架起一座桥梁，一直是大家努力想解决的难题，而民族传统体育课程资源的开发，则为解决这个难题提供了新的思路和契机。

第一，民族传统体育课程资源的开发打破了学校与学校之间的空间界限，使更多竞技体育和群众体育的手段和内容通过提炼、加工、整合成为民族传统体育课程内容。学生通过这些内容的学习，不仅可以了解当今竞技体育和群众体育的最新发展动态，而且还能为他们以后参加竞技体育和群众体育实践奠定良好基础。

第二，单从体育课程资源开发的过程来讲，必然要调动竞技体育和群众体育领域的一切可以利用的资源和因素，这在客观上加强了学校体育与竞技体育和群众体育之间的联系。

第三，民族传统体育课程资源的开发，可以使人们更新观念，促进学校体育与竞技体育、群众体育三者之间的相互融洽、消除隔阂，从而真正树立三者“协同发展”的和谐观念。

五、能促进民族传统体育文化的传承和民族精神的弘扬

开发民族传统体育课程资源从国家层面上看可以促进我们的文化自觉。民族传统体育作为我国传统文化的组成部分，在其原始形态的文化历程中融入了中国传统文化对身体、对人体运动、对天地自然运动的独特理解。从个体层面上看可以增强我们的文化认同。这是人们在一个民族共同体中长期共同生活所形成的对本民族最有价值、最有意义的事物的肯定性认识，其核心是对一个民族的基本价值的认同，是凝聚这个民族共同体的精神纽带，是这个民族共同体生命延续的精神基础。

利用内涵丰富、形式多样的民族传统体育课程资源来弘扬民族精神不失为一种有效的途径。如：传统节日中举行的龙舟竞渡，以其文化融合性带来的民族认同感和人文精神，使人们产生强烈的民族自豪感和自信心。中华传统武术中传授的尊师重道、讲礼守信、勇敢仗义、坚韧不拔和积极上进等优良品质，都可以提高我们的思想道德水准和务实精神。

第四节　民族传统体育课程资源开发的原则

一、尊重教育性原则

教育性是所有课程的基本原则。体育与健康新课程在全面贯彻《基础教育课程改革纲要（试行）》的学生培养目标方面，具有其他学科不可替代的作用，特别是体育与健康课程对培养学生的爱国主义观念、集体团结协作意识、公平竞争意识、以人为本的人道主义精神和规则意识，使其具备坚强的意志品质等方面具有独特的作用。因此，开发与利用民族传统体育课程资源，首先要突出资源的教育性，更好地促进体育课程发挥培养全面发展人才的作用。

二、遵循健康性与科学性原则

新课标下的体育与健康课程的指导思想是“健康第一”，整个课程的设计是根据“身体、心理、社会适应”的整体健康观来进行的，健康性是课程的主线。因此，在开发民族传统体育课程资源时，既要充分考虑开发的课程资源对学生身体健康的作用，还要考虑资源对学生心理健康、社会适应的作用。同时，安全问题也是开发体育资源必须认真考虑的内容。在民族传统体育课程的开发与利用中还要把握科学性原则。首先要反映在有效地为学生的健康服务，有利于培养学生的体育实践能力；其次，采用的这些课程资源是必须安全的，没有任何隐患；最后，重视课程内容的体育文化含量。

三、把握兴趣性与本土化原则

体育与健康新课程的重要理念之一是“激发和保持学生的运动兴趣”。兴趣是学习的原动力，是有效学习的保证，学生的兴趣直接影响着学生的学习行为和效果。由此，开发体育课程资源要充分掌握学生的年龄、生理、心理特点以及学生的爱好、特长和接受能力，在课程实施过程中要体现师生合作互助，努力营造轻松愉快、和谐的课堂教学氛围，保证学生学习方法的多样化，使评价方法更有利于学生体验到学习进步的快乐，促进学生学习并保持良好的学习兴趣。在促进学生兴趣的基础上，所开发的体育课程资源应尽量体现本地区的风格与体育特色。学校体育最终是为学生的终身体育锻炼服务的，因此在开发体育课程资源时，应尽量与本地区和社会上流行的体育项目相结合。

四、坚持发展性与可行性原则

民族传统体育课程资源开发的发展性原则，就是要能促进学生各种能力的发展。保证开发和利用的资源能注重对学生的体育实践能力、一般运动技能和身体活动能力、创新能力等的培养。同时,在课程资源的开发与利用中,需要考虑本地区、本学校的实际条件,注意时间、空间、人力、物力上的现实可行性。再合理、科学的课程资源,如果本学校难以开展教学,都不应进行选择与推广。

五、注重开发与实践相结合原则

开发与实践相结合原则,是指在民族传统体育课程资源开发过程中,不能单纯为开发而开发,要注意使开发与实践结合起来,开发的体育课程资源通过课程实施的各个环节进入体育课堂而发挥作用与功能。体育课程资源的开发要注意尽量避免只重开发不重实践的倾向,既要注意开发的数量,也要注意开发的质量;既要树立积极开发各种体育课程资源的意识,又要善于分析、识别、发现现有的体育课程资源,把闲置和未开发的体育课程资源及时进行加工、改造和转化,使之进入体育课程而加以充分实践利用。

第五节　民族传统体育课程资源开发的主体

民族传统体育课程资源开发的主体,是民族传统体育课程资源开发的一个核心。通常参与课程资源开发的人员构成是多方面的,主要包括:体育学科专家、教育行政管理人员、体育教师、学生、家长、学校行政人员、教练员、运动员、社会体育指导员以及其他学科方面的专家学者和相关机构等。尽管参与人员众多,但每个参与人员所具有的内在条件、扮演角色、发挥的作用和完成的任务都是不同的。体育学科专家、体育教师、学生和校长是民族传统体育课程资源开发的主要参与人员,构成了民族传统体育课程资源开发的四个不同层面的主体(图4-1)。

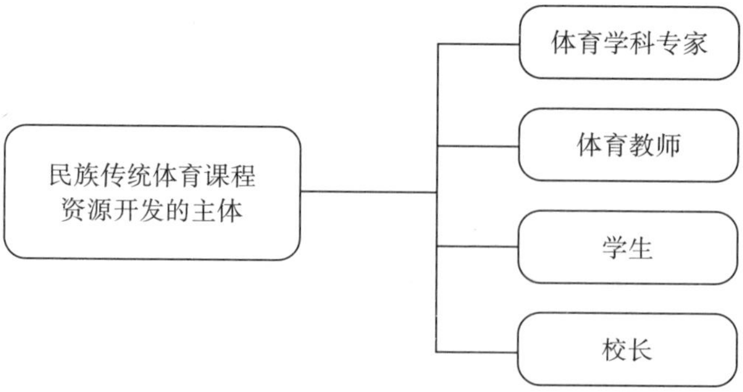

图4-1　民族传统体育课程资源开发的主体

一、民族传统体育课程资源开发的主体之一——体育学科专家

体育学科专家一般具有较高的学历和职称,他们主要在高校或科研所从事学校体育或体育教学与课程论方面的教学及研究工作,并经过严格的专业学术训练,具有较为丰富的专业知识和学术经验,有较强的创新精神和较宏观的理论视野。①他们的优势在于有比较高的教育学和体育学方面的理论水平和科学研究能力,对国家的宏观教育政策理解得比较透彻。他们在开发体育课程资源中的任务主要有以下几个方面:

(一)编写民族传统体育教材

民族传统体育教材的编写是体育学科专家开发体育课程资源的主要任务之一。在编写民族传统体育教材时专家们要注意处理好以下三对关系:

首先,正确处理民族传统体育知识、青少年儿童和社会的关系,即在构建教材体系时要兼顾体育学科体系、学生发展和社会需要。

其次,正确处理继承和发展、借鉴和创新的关系。

最后,正确处理基础性与层次性的关系等。

此外,在具体的民族传统体育教材选择时除了要考虑其典型性、民族性、文化性、人文性、实用性和基础性、可行性外,一些新兴的、已经在社会上相当流行的、学

①李林.体育课程内容资源开发的理论与实践[M].重庆:西南师范大学出版社,2006.

生表现出较强烈兴趣的运动项目,或学生已经自发地从事并亟须进行科学指导的运动项目也应该在民族传统体育教材中体现出来。

(二)挖掘和梳理民族传统体育特色课程资源的内容

挖掘和梳理民族传统体育课程资源内容是体育学科专家义不容辞的责任。体育学科专家应充分发挥自己的学术优势,从我国的国情和学校体育教育的实际和要求出发,有意识地对一些有价值的民族传统体育课程资源进行挖掘。现阶段体育学科专家的工作重点是:

首先,研究不同年龄学生身心发展的特点和各种民族传统体育课程、特色体育课程和新兴体育课程资源的主要价值和功能,开发出健身健心、娱乐价值高、适应性和趣味性强的体育课程内容。

其次,研究国外体育课程资源开发的相关优秀成果,特别是关注国外学校流行的特色、新兴运动项目,并结合我国具体国情进行加工改造、借鉴。

最后,与中小学体育教师合作挖掘和统筹一些有着地方和民族特色的体育课程内容资源。

(三)指导民族传统体育特色课程资源的开发

体育学科专家还担负着指导民族传统体育特色课程资源开发的任务。体育学科专家因具有理论水平高、科研能力强的优势,有利于在宏观与理论的顶层设计方面指导体育课程资源开发的工作。体育学科专家应积极投身于民族传统体育特色课程资源开发的实践之中,从中发现问题、分析问题、总结经验,进行理论抽象和概括,以形成体育课程资源开发的一般规律,用以指导中小学体育教师进行体育课程资源的开发实践工作。此外,体育学科专家还可以通过各种形式,定期对中小学体育教师进行培训,为体育课程资源开发培养骨干力量。

二、民族传统体育课程资源开发的主体之二——体育教师

体育教师是民族传统体育特色课程实施的核心人物,他们在体育教学过程中扮

演着主要的角色，在民族传统体育特色课程资源的开发过程中也起着核心作用。这不仅因为体育教师是体育课程的具体实施者和操作者，还在于体育教师本身所具有的知识与技能、过程与方法、情感意志与价值态度等都是最宝贵的民族传统体育课程资源。体育教师在民族传统体育课程资源开发与实践中的具体任务有以下几个。

（一）对民族传统体育教材进行二次开发

体育教材是体育课程的重要资源，但不是唯一的资源。民族传统体育教材虽然是体育学科专家根据体育课程标准和一定原则编选的，但要进入体育课堂成为具体的民族传统体育课程内容，还必须经过体育教师的再次和多次开发与加工。体育教师对民族传统体育课程教材的二次加工过程表现在以下四个方面。

第一，使民族传统体育教材内容具有适应性，使民族传统体育课程教材能够适应本学校的条件和本校学生的生理心理特点。体育教师在体育课堂教学实践中经常面临着这样的问题情形。民族传统体育教材中的某个内容例如“板凳龙”“空竹”“民族打鼓”和“草把龙”等项目的教学在学校现有的条件下能否成为体育课程内容。如果可以，怎样才能被学生广泛接受；如果不行，是否可以考虑对其进行加工或改编，如改变运动轨迹、降低运动难度、制订一套规则或者设计为游戏课堂。

第二，使民族传统体育教材内容问题化。即对于那些可以进入民族传统体育课程的教材内容，根据学生的身心发展特点来确定学习的步骤与层次，以某个民族传统体育知识或身体练习为基点构建相应的问题和解决问题序列。通过将民族传统体育教材内容变成问题的“链接”，引导学生凭借自己的努力对问题进行求解，在解决问题的过程中不断激起学生的问题意识并生成更多、更深刻的课堂线索，以培养学生分析问题和解决问题的能力。

第三，使民族传统体育教材内容结构化，即对于体育教材内容的学习，尽可能让学生掌握各种民族传统体育知识和身体练习的基本结构和要素，使学生知道事物之间的相互关联，并能举一反三。

第四，使民族传统体育教材内容生活化。即对于那些可以进入民族传统体育课程的教材内容，考虑在体育课程教学实施过程中如何与学生的生活经验保持联系，尽量以学生的生活经验作为他们学习的切入点，使教材回归生活，实现教材由“素材文本”向“生成文本”的转化。

（二）积极开发并整合特色性强的民族传统体育课程资源

体育教师在民族传统体育课程资源开发中的任务除了对教材进行二次开发外，还要在教学实践中根据实际需要不断开发其他各种体育课程内容资源，特别是具有区域特色、民族特色、学校特色和学生特色的体育课程资源，将这些资源转化为各种内容新颖、形式多样、特色突出、适应性和可操作性强的体育课程内容。此外，体育教师还要加强对民族传统体育课程内容资源开发实践成果进行整合和系统总结，使开发成果系统化，并争取在此基础上编写出具有校本特色的民族传统体育教材。

（三）指导学生进行民族传统体育课程内容资源开发

学生作为民族传统体育课程资源开发主体之一，是我国基础教育学校体育课程改革的重要理念之一。但是，学生对于民族传统体育课程内容资源开发的概念是非常陌生的，为什么开发，开发什么，怎样开发等一系列问题对他们来说都是未知的。

由此，体育教师必须要向学生提供必要的指导与帮助，成为学生开发民族传统体育课程内容的引导者和服务者。不仅要帮助学生掌握民族传统体育课程内容资源开发的方法和手段，而且还要引导学生走出体育教材、走出课堂、走出学校，在社会的大环境里学习和探索各种体育知识和健身方法。需要明确的是当我们把学生进行民族传统体育课程资源开发看作学生的主动学习过程的时候，教师对学生的指导便体现在具体的体育课程教学的设计上。换言之，体育教师对学生开发体育课程内容资源的指导与帮助并非随意、偶然的，而是有目的、有计划、长期的。

（四）积极总结与反思体育教学活动

体育教师对民族传统体育课程内容资源的开发，在很大程度上源自对体育教学活动的自我总结与评价，源自对体育课堂中各种情况的反思。体育教师要善于通过课后教学记录与反馈、与他人交流教学心得、自我反思，从实践中总结出有利于民族传统体育课程内容资源开发的各种经验。

(五)体育教师“主导性”与“主宰性”的区别

第一,性质和本质上的区别。体育教师主导性的本质是教师为提高教学质量和发挥教学的民主性所做的努力及其效益;而体育教师主宰性的本质则是教师为顺利完成教学任务并维护教师尊严所做的努力及其效益。

第二,工作重心位置上的区别。体育教师的主导性是以课前的教材化工作为重心;而体育教师的主宰性则是以课中的教学管理为重心。

第三,教学设计的主要着眼点上的区别。体育教师的主导性在教学设计上将教材加工成学习内容,精心设计教学的过程,设计提问、讨论和探究学习,设计学生的自主学习方式;而主宰性则是将教学内容按部就班地教完,使教学的程序有条不紊,只要学生的注意力能够集中,能遵守纪律就行。

第四,教师的主要行为方式的区别。体育教师的主导性在体育课程的实施中主要表现为传授、学习指导、练习指导、组织讨论、引导探究、回答问题等;教师的主宰性则表现为传授、组织练习、指示与要求、监督与管理等。

第五,课堂氛围的区别。体育教师的主导性会让体育课堂氛围变得热烈、活跃、学生的学习氛围好;而主宰性则会让课堂氛围变得严肃、呆板,组织氛围较强。

第六,教学形态特点的区别。体育教师主导性的教学特点表现为双向活动多、探究活动多、生生互动多、自主性学习与活动多、提问与讨论多等;主宰性则表现为班级集体性学习多、整队和集合多、指示和要求多。

三、民族传统体育课程资源开发的主体之三——学生

学生是民族传统体育课程实施的对象,更是一种重要的教学资源与课堂主体。学生会成为一种特殊的体育课程资源开发者,根本原因在于学生是课程的主体。以学生为主体开发民族传统体育课程资源,其开发的广度、深度及相应的效果主要取决于两个方面的基本因素,一是学生本身所拥有的经验基础,二是体育教师对学生的帮助与指导。学生开发民族传统体育课程资源的任务主要有以下四个方面。

(一)学生是具有主体性的人

人的主体性自古以来都是备受世人关注的话题。在教学活动中,学生的主体性表现在四个方面:一是对教育的选择性,即学生对教师的教授与培养不是无条件接受,而是要求教师的教学尽量适应学生的身心发展要求;二是学习的独立性;三是学习的主动性,这是学习主体性的本质表现,由此体育教师的教学活动要建立在学生对体育课程学习的自觉、主动和自我追求的基础上;四是学习的创造性,学生达到体育教学目标的方法、路径与行为都可能表现出一定的创造性。

(二)实现民族传统体育课程学习目标

与体育学科专家和体育教师不同的是,以学生为主体开发民族传统体育课程资源的真正目的并不在于获得一些可供体育教师参考的体育课程内容,而在于通过对民族传统体育课程资源的开发使学生获得快速学习的方法。学生开发民族传统体育课程内容的过程实际上就是实现体育课程学习目标的过程,达成学习目标是学生开发民族传统体育课程内容资源所要完成的基本任务。

(三)促进学习经验的不断生成

民族传统体育课程的实施不是课程设计者为学生预设的发展路径,学生也并非完全是通过对成人生活方式的复制来成长的,他们在与体育课程的接触过程中,时刻用自己独特的眼光去理解和体验课程内容,并不断创造出鲜活的经验,而这些鲜活的技能、技术经验又是体育课程重要的组成部分。从此意义上讲,以学生为主体开发民族传统体育课程资源,也要实现这个任务——使学生在民族传统体育课程资源的开发过程中,不断利用自己已有的经验,不断地分享他人的间接经验,并不断地生成新的学习经验。

(四)促进学习方式的不断转变

促进学习方式的转变也是学生在开发民族传统体育课程资源时需要完成的重要任务。以学生为主体进行民族传统体育课程资源开发,是对传统的学习方式——接受性学习的挑战。学生通过主动参与民族传统体育课程资源的开发,懂得如何主动地去接受、学习、创新，懂得如何进行合作学习和探究式学习，从而真正改变民族传统体育课程实施中过分依赖教材、过于强调接受学习和死记硬背的单一式学习模式。

(五)开发新的民族传统体育课程资源

尽管以学生为主体开发民族传统体育课程资源的根本目的不是获得各种体育课程内容，但学生所开发的体育课程资源在体育教师的指导下，可以经过进一步加工和提炼，形成一些具有学生自发学习特点的、有代表性的新兴体育课程资源库。这一方面可以为体育教师指导学生进行民族传统体育课程资源开发提供参考；另一方面，体育教师也可以从中选择一部分内容，运用到体育课程的具体实施中。

四、民族传统体育课程资源开发的主体之四——校长

校长是一个学校的“首脑”，也是学校体育课程开发的重要参与主体之一。这是因为学校是课程资源开发的中心和实施基地，民族传统体育课程资源的开发与实践能否走进课堂、走进学校，在很大程度上取决于校长对体育课程开发的理解、认同以及对课程实施的积极领导。①在民族传统体育课程资源的开发中，为了使体育课程开发计划落实到学校并得以实施，关键就是要让校长能够理解、接受体育课程资源开发计划，并将其付诸实施。这是民族传统体育课程开发在学校层面得以实施的一个重要前提。在民族传统体育课程资源开发的进程中，校长对课程资源开发的领导主要有以下几个方面。

第一，在体育教师和体育教研组的协助下，规划学校体育发展的远景和学校体育课程资源开发、改革的方案。

第二，按照国家三级课程管理实施的要求，引导并监督学校校本体育课程的开发与实践。

第三，激发体育教师的内在动机，组建团结合作的体育教师团队，促进体育教师的专业发展。

①胡庆山.体育课程实施主体论[M].武汉:华中师范大学出版社,2011.

第四，树立和谐的大课程观，督促学校体育教学和课外体育活动的正常开展。

第五，与家长和社会沟通，寻求家长和社会对学校体育课程的支持。

第六，建立确保学校体育课程顺利实施的制度。

第六节 民族传统体育课堂教学风格

课堂教学风格是体育教师在长期的教学实践和教学改革中的大量探索相结合的成果。这种成果具有教师个体的独特性、稳定性和创新性，是教师的个性特点与审美风貌相结合的结晶，同时课堂教学风格也是青年教师们在教学领域中所追求的理想目标，也是对形成自己个性特征的教学艺术的追求。

一、民族传统体育课堂教学风格的界定

“风格”一词，在中国最早是用来指一个人的风度与格调。“风度”是风采、风姿，是人的体貌，是人的行为的外部特征；“格调”是人的品质、品格和品位，是有道德意义标准的各种行为总和。总的来说，风格是人之品貌的全面评价，它既有道德价值，又有审美意义。

民族传统体育课堂教学风格从教育学领域来说就是一个优秀的体育教师在民族传统体育课堂教学实践中的一种客观存在现象。它标志着该教师的体育教学活动已经达到或能够达到的境界，也可以说是教学艺术成就的最高表现。这种表现是教师在长期的教学实践中对教学经验的总结，也是在教学实践的整体活动中逐步发展和形成的某种稳定性，是具有个性、创新、特色的教学理念、方法、技巧、风貌等的圆满结合。

二、民族传统体育课堂教学风格的价值

民族传统体育课堂教学风格的提倡与研究必将最大限度地发挥广大体育教师的教学改革热情和教学创新热情，最终提高体育教学质量。由此看出，深入、完整地

对体育教学风格进行概念认识是形成多姿多彩的具有中华民族风情的体育教学风格的基础,是完全符合体育教学发展规律的。具体表现在以下几个方面。

第一,民族传统体育课堂教学风格是优秀体育教师的课堂教学实践的整体表现,是教师的教学艺术走向成熟的标志。

第二,教学风格是教师在长期的体育课堂教学实践中的不断追求,是在持续不断的甚至是艰苦的实践探索中逐步发展和形成的教学艺术与审美的高层次表现。

第三,教学风格是与体育教师个体的风度、气质、格调密切联系,在教学中反映出来的个性特征,所以教学风格具有独特性。

第四,教学风格是体育学科的科学性与教学的艺术性的圆满结合。

第五,民族传统体育课堂教学风格在层次上是有类别与分层的。高层次的教学风格具有鲜明的、独特的个性特征和审美风貌,只有极少数的体育名师才具有这种独特的教学风格。中层次的教学风格具有比较独特的创造性和审美性,这是大多数优秀体育教师的表现。当然,对于现目前的体育教师来说,尤其是青年体育教师,要努力形成和发展自己的独特的课堂教学风格,还应从低层次的教学风格开始做起。

三、民族传统体育课堂教学风格的特征

(一)民族传统体育课堂教学风格的时代民族性

任何一个民族都有其自身的历史渊源,都有属于本民族的历史文化积淀,由此所表现出来的体育文化也不尽相同,学校体育课程是精神文化重要组成部分,具有时代民族性。从运动、休闲及娱乐项目来看,中华传统体育项目如摔跤、赛马、摆手舞、舞龙舞狮等,都是一个民族特有的文化,也反映出了一个民族的个性和某些社会心态。学校体育教学中民族传统体育课程的民族性就是一个民族的社会进步和发展给体育教育带来的特色反映。从十九大报告中我们可以清楚地认识到:要为创建习近平新时代中国特色社会主义学校体育课程而努力奋斗。那么,具有中国特色就是我国体育课程改革努力的新方向,它必然促使着我国学校体育课堂教学风格具有中华民族的民族性特征。

（二）民族传统体育课堂教学风格的阶段性

民族传统体育课堂教学风格的阶段性特征是学校体育教育的时代性特征的鲜明体现和发展。当前体育教学目标中，已经很明确地提出了培养学生终身体育观念，也就是培养学生的终身体育兴趣、爱好和习惯。这是学校体育在为学生打下良好的终身体育基础的总目标下，除了打下坚实的体质基础外，对体育新观念的培养和建立。这是总目标，是学生从小到大，从幼儿园一直到大学，直至进入社会，都应建立的从事体育活动的意识。当然，这是一个相当长的时期，是不同发展阶段所表现出来的不同的组合。

（三）民族传统体育课堂教学风格的综合发展性

民族传统体育课堂教学风格的综合发展性还不完全是教学语言和非语言行为的综合发展。体育教学本身就是学科和术科的综合体现，既有理论知识的传授又有技术动作的讲解和示范，还有队伍的调动和场地器材的布置。一名优秀的体育教师，不但要教学语言精练、科学，动作示范还要优美标准，而且队伍调动要合理，场地器材的布置要有利于学生的学习，所以，体育教育是诸多教学因素的综合，缺其一方都无法正常、出色地完成教学任务。①

总而言之，时代民族性、阶段性、综合发展性是体育教学风格的时代风貌，其他的特征是相互依存、对立统一的。当然，独特性是首要的，如果没有独特性，体育教学风格就失去了存在的价值，也就不是教学风格了。

四、民族传统体育课堂教学风格的形成、现状与展望

从一般事物形成与发展的规律来看，要从某一方面进行发展与推进，首先就必须对其现状有一个较为全面的认识、分析，然后才能掌握它，并使其得到良性发展。这对于民族传统体育课堂教学风格的形成与发展至关重要。

①刘瑞文.学校体育教学艺术[M].北京：中国人民大学出版社，2013.

（一）民族传统体育课堂教学风格的形成

教学风格是教学艺术性追求和发展及学科特征的圆满结合的最高表现层次，也是一门学科成熟的标志。所谓水到渠成，这是千真万确的，只有花大量功夫，才能得到相应回报。典型的民族传统体育课堂教学风格及其代表名师太少，而且相当“老化”，在二十世纪七八十年代的学校体育教学发展高潮中，涌现了一批有代表性的学校体育教学专家。这一方面说明体育学科的提升水平在当时是符合时代发展潮流的，是较先进的，尤其是基础体育教学的发展。由此，一个时期的民族传统体育课堂教学风格足以代表当时的体育教学研究水平，也是体育学科走向成熟的标志。

（二）民族传统体育课堂教学风格的现状审视

民族传统体育课堂教学风格的发展现状并不十分乐观。

首先，从历史发展的纵向上来看，对学校民族传统体育课程理论体系的构建与研究还不完善，与其他学科课程的发展相比较，还处于较落后的状态。

其次，受“智育第一”“高考指挥棒”的影响，从学校校长到教师，有相当大比例的教职工对民族传统体育教学的重视程度不够，随着学校素质教育与“健康第一”思想的加强，这种现象逐渐好转。

再次，在基础教育学校体育课堂教学中，“重竞技、轻教学”的思想还没完全得到改善，阻碍了体育课程自身的发展。

最后，由于我国幅员辽阔，地区发展差别较大，很难达成一个共同的体育教学共识。此外，能进行民族传统体育个案教学风格分析与推广的人太少，且年龄趋于老化，很难从实践中见其风貌。以上诸多方面都影响和干扰了民族传统体育课堂教学风格的形成和发展。

（三）民族传统体育课堂教学风格的展望

在民族传统体育课堂教学中要构建独特的教学风格，是一个重大工程建设。

第一，要有超越自己的发展信心。民族传统体育课堂教学风格对体育教师自身的要求很高，要求教师必须做到全面发展，要把教育理论诸多方面的知识与体育理论系统地有机结合起来，不仅要做到动作示范到位，还要做到在内容讲解分析上具体而简洁，在施教中超越自我，全面发展。

第二，要有健康身体和心理素质，面对困惑时一定要克服和超越自己的心理障碍。既要有敢于追求、敢于表现、敢于改革的精神，又不能故步自封、妄自尊大，要“虚心”与“自信”相结合，“敢闯”与“善闯”相匹配。

第三，要强化体育教师的学科发展意识。要从事民族传统体育教学工作，一定要为民族传统体育教育事业奋斗、争光，不但要敢于超越自我，还要有敢于超越其他学科的意识，这些都是强化民族传统体育课堂教学风格形成与发展的核心要素。

问题思考：

1.请简述我们为什么要将民族传统体育融入民族教育中。这对我们有什么意义？

2.什么是民族传统体育课程资源？民族传统体育课程资源是怎样分类的？它具有哪些基本特征？

3.请认真思考民族传统体育课程资源的主体有哪些？各个主体的责任是什么？

第五章 民族传统体育课程的实施与评价

第一节 民族传统体育课程实施的内涵

课程实施是课程论和教学论研究领域的重要课题。课程实施是研究"一个预期的课程是如何在实际中运用的"。[①]因此,课程实施问题不只是研究课程方案的落实程度,还要研究学校和教师在执行一个具体课程的过程中,是否按照实际的情况对课程进行了调适。课程实施是把新课程计划付诸实践的过程,是最重要的环节。

一、民族传统体育课程实施的概念

民族传统体育课程必须通过体育课堂教学才能得以实现,体育课堂教学实质上是实施体育课程的主要途径和手段。体育教学过程也是体育课程的实施过程。民族传统体育课程的实施是由体育教师、学生、校长、体育教研员以及课程内容等多种要素资源构成的有机体系,根据学校体育课程标准所确定的民族传统体育课程的性质、目标、基本内容框架和所指导的教学原则、评价建议等,参照一定的教材资源内容,结合体育教师自身的专业技能素养、执教风格、课堂艺术和经验从学生兴趣和锻炼习惯出发,有目的、有组织、有计划地突出民族传统体育课程本质、体现体育课程价值、实现体育课程目标的过程。

民族传统体育课程实施阶段:在民族传统体育课程实施中,体育教师和学生是最重要的角色。另外,还必须考虑的因素有:课表的安排,明确民族传统体育课程资源内部各教学内容的开设顺序和时间分配比例;确定并分析教学任务;研究所教学生的学习活动和个性特征;选择并确定与学生学习风格相适应的教学模式;对具体的教学单元和课的类型进行规划;组织并开展相应的教学实践活动;评价教学活动的过程和结果。为下一轮的课程实施提供反馈性信息,并及时改进。

①庞元宁,何建文.体育课程新论[M].北京:人民体育出版社,2004.

二、民族传统体育课程实施的本质特征

民族传统体育课程的实施是一个复杂、系统的过程，有着许多不可预期性和不确定性。民族传统体育课程的实施是调和影响体育课程实施诸因素，平衡体育课程理想与实施情境的系列关系，创造体育课程教学新文化的过程，具有以下几大特征。

（一）现实性特征

民族传统体育课程实施的现实性——现实情境，是指在一定的客观的、具体的现实条件下，一切从民族传统体育课程实施的现实情境出发，包括充分开发和利用一切体育课程资源，进行体育课程改革的探索。民族传统体育课程发展的现实性主要表现为具体的民族传统体育课程历史条件。体育与健康课程改革必须落实到学校一级，才开始与学生实际联系起来，若是体育课程的应用与落实和学校联系不上或是脱节，那么民族传统体育课程的实施就不存在现实性。

（二）适应性特征

民族传统体育课程实施的过程是体育教师根据实际情况对民族传统体育课程目标、内容和方法进行调适的过程。体育教师是民族传统体育课程实施的主角、核心力量，对体育课程实施的诸多因素和实施中所遇到的具体问题十分了解。当他们对课程实施缺乏兴趣，担心新体育课程实施会影响到自己已经形成的教学优势——缺乏教学安全感时，就不可能主动参与新体育课程实施过程，不可能有效利用现有民族传统体育课程资源，不可能热情、积极、有效地制订民族传统体育课程实施方案。

（三）创新性特征

民族传统体育课程的实施过程应该是一个再创造的过程，体育教师是该课堂的设计者和开发者，也是现实课程的决策者。他们对自己课程的编排、调适、创新，包括对民族传统体育课程具体目标的确定，内容的选择、删补、改造，对体育课程时间上的调整，教学方式的变革等。体育教师对民族传统体育课程的创新，主要是从教学法或学科的角度切入进去的，并不是像课程专家那样从课程本身入手。

因此，体育教师在民族传统体育课程的实施中，本质上是体育教学新方法、新手段、新理念的创新过程，即体育课程思想的重构过程。从这一意义上讲，促进体育教师专业素养的提升将成为课程实施的核心所在。

（四）参与性与运动负荷承受

在民族传统体育课程的实施中，学生直接从事民族传统体育项目的各种身体练习，进行运动学习是体育课程实施的主要特征。体育课程实施过程主要是运动性认知，是通过身体练习，使身体活动与思维活动有机地结合，掌握体育基本知识、技能、技术，培养运动协调能力，形成正确的体育价值观、情感和态度。

在实现民族传统体育课程的目标建设中，学生在身体方面的差异要比学生智力方面的差异大而明显。当然，学生在进行各种身体练习的过程中，机体各器官系统，尤其是运动系统、神经系统、心血管系统等积极参与活动。①学生身心承受着一定的运动负荷量，他们的新陈代谢活动加快，能量消耗增加，身体的疲劳也随之产生。运动强度刺激的大小与过程直接影响学生承受的生理负荷的大小与过程，能否正确地安排适宜的运动负荷，不仅影响学生学习掌握体育知识技能的效果，而且对学生的健康也有直接的影响。

三、民族传统体育课程实施的价值取向

（一）民族传统体育课程实施价值取向的忠实性

民族传统体育课程实施的忠实性价值取向强调民族传统体育课程实施过程是忠实地执行课程方案的过程。体育课程预期方案的实现程度就是衡量体育课程实施的基本标准。体育课程方案实现程度越高，说明体育课程实施的成功率越大；反之，体育课程方案实现程度越低，说明体育课程实施的成功率越小。坚持忠实取向将体育课程实施的本质理解为忠实执行，按部就班，不可能对体育课程方案进行创造性的实施与改革。

①崔伟.体育课程论[M].郑州：黄河水利出版社，2005.

(二)民族传统体育课程实施价值取向的相互适应性

民族传统体育课程实施的相互适应性价值取向强调民族传统体育课程方案的使用者与学校情境之间的相互适应，主张根据学校与班级的实际情况在体育课程目标、内容、方法组织形式诸方面对体育课程方案进行调整和改革，包括为适应具体实践情景和学生特点而对体育课程计划进行的调整、体育课程的实际情境为适应体育课程计划而可能发生的改变。坚持相互适应的价值取向将体育课程实施的本质理解为协调中的变革，体育课程实施不可能只是一个事件，更重要的是一个过程，实施者在过程中应该对课程方案进行修订，甚至改变，以达到最佳效果。

(三)民族传统体育课程实施价值取向的创新性

民族传统体育课程实施的创新性价值取向强调体育课程的实施过程是师生在具体情境中共同创造新的运动经验、教育理念、身体审美体验的过程，在创新过程中，已经设计好的体育课程方案仅仅是体育教师和学生实现“再创”的资源和情境，是一种良性体育课程资源，借助这一优势课程资源，体育教师和学生将不断进步。随着体育教师和学生的进步，体育课程本身也在不断地向前迈进。在民族传统体育课程的实施中需要我们注意的是：民族传统体育课程实施的选择要因地制宜、因时制宜、综合发展。要重视对体育教师的培训，重视发挥学生在体育课程实施中的主体作用。还要构建体育与健康课程改革的网络系统。

第二节　民族传统体育课程实施中的身体自觉练习与发展

身体练习是体育课程所特有的，其他任何课程均不存在身体练习。身体练习是民族传统体育课程的主要内容载体，采用身体练习，并承受一定的运动负荷是体育课程的基本特征，离开这个特征，体育课也就不能再称为身体教育课了。

一、民族传统体育课程实施中的身体自觉练习

身体练习是体育手段的各种具体动作，是人们为了增强体质、娱乐身心或提高

运动水平而采用的身体活动内容。身体练习与体育手段有着密切的关系：第一，身体练习是体育手段的基本结构要素，即体育手段本质上是由各种具体的身体练习（或运动技术）组成的；第二，某些身体练习的具体动作本身就可以构成一项体育手段，如健身跑、俯卧撑、引体向上等。①所以，身体练习又可以作为狭义的体育手段概念来理解。

（一）身体自觉练习在民族传统体育课程实施中的价值

1.身体自觉练习确定了民族传统体育课程的学科性质

民族传统体育课程的实施过程是以身体练习为主要手段，“自觉性”与“技艺性”必然成为其学科特征。技艺类课程以形象思维为主，而启智类课程则以抽象细微为主，这种区别从本质上看是技艺类课程和启智类课程在学科性质上的区别。科学与技艺不完全相同。民族传统体育课程以身体练习为主要手段，以技艺性为主要特征，既为体育课程的多种风格提供了理论上的依据，也为不同学段体育课程的多种形式提供了实践上的指导。

2.身体自觉练习是民族传统体育课程中实现人的全面发展的自然基础

在新课程改革进程中，广大体育教师的认识得到了普遍的提高——通过身体练习可以实现身体发展、心理发展、社会适应的结论已被大部分教师所认可，改变了过去通过身体练习主要实现身体发展的惯性思维，这是一个跨越式的进步。但是，人体基本活动能力属于体能的范畴，这一结论却根深蒂固地存在于人们的观念之中。实际上，走、跑、跳、投、悬垂、攀岩、游泳、翻滚、平衡等人体基本活动能力既属于体能，又属于技能。身体练习也可称为动作，是可以通过后天学习获得的动作技能。②如人的坐、爬、走也是要通过后天的学习来获得的，这也是教育的结果，有所区别的是教育者并非教师，而是他们的父母。

由此可见，坐与爬也属于技能。众所周知，小学低年级的体育课堂中大量出现的人体基本活动是构成游戏的基本素材。成为体育教学内容的游戏素材，已经和单

①黄聪，袁冰.中国古代民族体育资源开发利用研究[M].北京：科学出版社，2014.

②李林.体育课程内容资源开发的理论与实践[M].重庆：西南师范大学出版社，2006.

独的生活技能有了区别，理应把它归纳到体育课技能教学的范畴之中。

（二）身体自觉练习的特征

1.从宏观的角度而言，身体自觉练习具有四个基本的特征

第一，它是以骨作为运动的杠杆、以关节作为运动枢纽、以肌肉（骨骼肌）收缩为运动动力的身体活动；第二，进行身体练习的过程中，能量消耗由低向高变化；第三，它对体质健康有积极的影响；第四，有明确的目的性，只有那些为了实现体育课程的目的、任务而采用的运动动作才能称作身体练习，这也是身体练习区别于生活动作、劳动动作、艺术动作以及军事动作的主要标志。

2.从微观的角度而言，身体自觉练习也具有四个基本特征

第一，所有的身体练习都是在一定的时间、空间中按照一定节奏进行的，其运动学和动力学以及综合性特征具体通过身体姿势、练习轨迹、练习时间、练习密度、练习速度、练习强度和练习节奏等要素表现出来。

第二，它需要一定的自然环境和物质环境，如体育场、体育馆、各种运动器材和设备、空地、大海、沙滩、山脉、草坪等。

第三，身体练习有多种表现形态，既可以由单一运动动作构成，也可以由多个运动动作组合而成，还可以将运动动作与一定的情节、规则、场地等要素相结合构成各种活动性游戏和运动项目等。

第四，身体练习中的人员关系也是多种多样的，如单人的身体练习、双人的身体练习、集体的身体练习；同步的身体练习、非同步的身体练习等。

值得指出的是，每个身体练习所具备的要素特征是不同的，这意味着不管什么样的身体练习，只要我们变化其中任意一个要素的特征就可以形成一种新的身体练习内容或手段，这就为我们开发体育课程的身体练习资源提供了一个全新的思路。

二、民族传统体育课程实施中的身体发展

民族传统体育课程实施最基本、最主要的任务就是完成对学生身体的培养，在

一系列循序渐进的体育实践过程中，民族传统体育课程的实施对身体发展的教育范围已大大拓展开来。除发展体能外，还包括培养正确的身体姿势、培养学生关注身体和健康的意识以及帮助学生懂得营养环境和不良行为对身体健康的影响等方面。

（一）民族传统体育课程实施中对身体素质全面发展的反思

在民族传统体育课程的实施中，关注学生的身体发展就必须关注其体能的发展。体能主要涵盖两个层面。第一是人体最基本的活动能力，包括走、跑、跳、投、攀越、爬山、支撑、悬垂、下蹲等，它是人类的生存与生活的基础能力；第二是人的身体素质，指的是人在从事体育运动时表现出来的机体能力，也是衡量体能的重要标志。①

一般说来人的身体素质包括五大类，即速度、耐力、力量、柔韧和灵敏。身体素质的全面发展经常在体育课堂上被提出强调，已成为体育教学中的一项基本要求。但是身体素质的全面发展并不是在任何条件下都是合理的。如：静力性的力量练习会加大胸腹内压，会影响到儿童的健康发育，即使到了少年时期，女学生在性成熟初期，骨骼发育优于肌肉发育，骨盆增大而盆底肌肉发育相对迟缓，此时采用静力性力量练习也会对她们的成长造成一定影响。

（二）身体发展的非同步性

我国在制定新课程标准时，对身体素质的理解与以往有所不同。其中季浏在《体育教育展望》一书中对原来的身体素质所涵盖的内容进行了调整，把它称为体能，并把体能分为了"健康体能"和"运动技术体能"两大类。其中健康体能包括心肺能力、肌肉能力、肌肉耐力、身体组成和柔韧性五项；运动技术体能包括速度、耐力、力量、灵敏、神经肌肉协调性、平衡、反应等。

这一分类提出一个新的原理，即在体育课程实施中，学生的体能发展是应当确定其重点的，对各种身体素质等量齐观、同步发展是不合理的。每一种身体素质均在神经系统的控制支配下，同时还要在能量供应的条件下才能表现出来，两者是不

①蒋菠，黄巾．意识遮蔽到实践开启：舒斯特曼身体美学破解竞技体育异化中的身体失落[J]．武汉体育学院学报，2016(6):17-21.

能割裂的。但是，不难发现，有的身体素质主要通过控制系统表现出来，而有的身体素质主要通过能量供应表现出来，由此两大系统是以主要特征来划分的，这也是两个相互联系的体系。

（三）不同学制阶段学生的身体发展

身体素质及两大体系的划分引申了小学阶段以动作练习为主，中学阶段以力量锻炼为主，这种转变是从渐变走向突变，两者自始至终是相互关联的，既要看到二者的区别，又不能把二者对立起来。

动作练习和年龄直接相关，以灵敏、柔韧、平衡三项为例，其发展的最佳期均在12岁以前，以后再练作用就不大。灵敏可以用简单反应时和复杂反应时来衡量，简单反应时的世界纪录是0.003秒，日本最高纪录是0.11秒，3岁儿童的均值是0.6秒，10岁是0.2秒，10岁以后提高得就不十分明显了。

力量锻炼区别于动作锻炼，这里的力量锻炼是泛指力量、爆发力和耐力，也是指身体素质的能量体系。从科学的角度来看，力量锻炼从13岁开始，这一阶段最为适宜。过早采用力量锻炼，虽然也能使学生的力量加强，但会影响学生的生长发育。对于小学生来说，最好的办法是通过动作锻炼来发展力量，而不应该是提高负荷与增加速度来实现。

（四）民族传统体育课程实施中身体发展的特征

民族传统体育课程实施中人的基本活动能力的发展是需要全面关注的，小学阶段主要是以走、跑、跳、投等基本活动能力为素材，在实际运用中把这些素材设计成各种蕴含故事性、情节性的游戏；初中阶段则是把基本活动能力的发展体现在各个运动项目的基础性练习之中，体现在对竞技运动项目的规则和技术进行改造后的竞技游戏之中。初中阶段的体育课程教学内容基本上都是以运动项目为依据进行分类的。

从小学一年级到高中三年级，在整个十二年的体育课程实施中，均要解决好基础发展与个性发展之间的矛盾。在初中阶段，基础发展占重要地位。初中阶段的基础发展主要包括两个方面的内容:一是在身体练习方面,主要实现对运动项目的普识性教育;二是在身体的发展方面,主要有针对性地全面发展体能。

第三节　民族传统体育课程效果的评价

一、民族传统体育课程评价的意义与功能

民族传统体育课程的评价是教育课程评价的重要组成部分,具有多种意义。通过民族传统体育课程教学评价,可以获得大量关于民族传统体育课程教学效果和教学质量的真实资料。这些资料对于体育教师来说,可以作为了解学生情况,分析自身在教学过程中的得失,从而改进教学的依据;对于学生来说,可以及时得到学习效果的反馈信息,明确自己学习的优势和不足,从而改进对课程的学习;对于管理者们来说,可以从中了解每个班级和每个教师的课程实施情况,便于抉择和指导。因此,民族传统体育课程教学评价具有以下意义。

(一)民族传统体育课程评价的意义

(1)民族传统体育课程评价是一种获取和处理用以确定学生水平和体育课程实施有效性的证据与方法。

(2)民族传统体育课程评价包括了比学校一般科目期末书面考试更多种类的证据与民族文化生活信息。

(3)民族传统体育课程评价是简述体育教育的长期终极目标与教学任务目标的一种辅助手段,是确定学生按照这些理想的方式发展到何种程度的一个良性循环过程。

(4)民族传统体育课程评价作为一种反馈——矫正系统,在体育课程实施过程中用于判断该过程是否有效;如果无效,必须及时采取变革,以确保过程的有效性。

(5)民族传统体育课程评价作为体育教育研究与实践中的一种工具或手段,用于查明在达到一整套学校体育教育目的时,可供选择的程序与方案是否同样有效。

(二)民族传统体育课程评价的功能

民族传统体育课程评价作为一种有效评估手段,是体育教学活动的一个重要环节和有机组成部分。它是学校体育教学过程的“调控器”和“驱动器”,引领着学校各项体育教学活动逐渐走向有序和高效,直至最终实现目标,它的功能概括起来主要有以下几种。

1.学习信息的反馈功能

民族传统体育课程评价可以为学校体育教学活动提供丰富的教学反馈信息,是体育教学过程不断趋向最优化的基本条件。民族传统体育课程评价的结果,既是对前期体育教学情况的检查和总结,又是后续教学工作开展的起点与依据。通过课程评价的结果,教师可以了解学生的潜质及其发挥水平、教学目标的实现情况等,并对其中所反映出的教学问题进行客观、深入的分析,以便为后续教学工作提供参考依据。

学生可以从评价的结果中获得对自身学习状态的全面了解,包括自己学习的基础状态、技能改进提高、身体素质的进步水平以及对目标状态的达成度等,从而为自己所要采取的后续学习行为做出抉择,并不断激励自己克服各种困难去实现目标。

2.学习动机的强化功能

所谓民族传统体育课程评价的学习动机强化功能是指体育教学评价激发被评价者的积极性,促使其自觉地改进教或学的实践过程。动机作用一般分为以自身的内部因素为基础的内部动机作用和由外部因素引起的外部动机作用。教学评价的动机强化功能,最重要的是要充分考虑到肯定或否定的评价所产生的心理效果。对不同的评价对象,要照顾到他们的个性化特征,例如对好胜心较强的学生可以用激将法,在做出肯定评价的同时要指出其不足;对存在自卑感的学生,在做出否定评价的同时要肯定其优点。不过,在形成评价中应尽量避免采用否定评语。

3.学习过程的调控功能

民族传统体育教学方向的引导、内容的确定、速度的把握、方法的运用等都受到体育课程教学评价的影响。换句话说,在民族传统体育课程实施过程中,体育教师的教和学生的学常常是围绕着课程教学评价的内容和标准而进行的，并为达到评价的标准而做出不懈的改革和创新。

另外，学生通过学习民族传统体育知识和项目基本技术通过技能测验等，强化健身意识、审美意识、锻炼意识，增强实现终身体育锻炼的责任感，养成终身体育锻炼的良好习惯，增加对民族传统体育知识的兴趣，拓展民族传统体育项目运动技能的范围。

4.学习结果的鉴定功能

在民族传统体育课程教学实践过程中，通过课程评价的结果来检查和验证教学实践活动的效果，既可以体现出体育教师教学水平的高低、教学质量的优劣，又可以反映出学生在体育学科某一特定领域所掌握的知识、技术和技能等方面的现实状态以及所具备的潜质。此外，对民族传统体育课程效果的评价还可以为体育管理者提供有关决策的依据。学生的升级和留级以及编班，教师职务职称的评聘，都与课程评价有直接的关系，都需要通过课程评价对他们的能力和水平做出客观的判定。

二、民族传统体育课程评价的原则

民族传统体育课程隶属于课程，评价原则同样可以适用于体育课程教学。民族传统体育课程评价的对象包括学生、教师和学校，评价内容既不能过于简单而无法体现评价的目标，也不能过于笼统、抽象，无法执行，需以评价原则作为指导。

（一）坚持客观性原则

客观性是对体育课程实施检查评价的基本要求。因此进行课程教学检查与评价，目的在于给学生的学和体育教师的教进行客观价值判断。客观性原则主要是指在进行教育评价时，必须采取客观的实事求是的态度，不能主观臆断或掺杂个人情感。评价需要根据体育课程目标而确定的评价标准来进行。标准一旦确定，任何人都不能随意改动。在贯彻客观性原则时，首先要做到评价标准客观，不带随意性；其次，要做到评价方法客观，不带偶然性；最后，要做到评价态度客观，不带主观性。

（二）遵循一致性原则

民族传统体育课程评价的一致性原则主要是指在进行民族传统体育课程教学评价时对所有的内容都必须采用一致的标准。无论是对集体的评价，还是对个人的评价，不能对“甲”采取一种标准，对“乙”采取另外一种标准。这时所说的一致性是指按照相同的课程、学科目标以及教育目标，也是指在同一范围内，对相同的对象必须采用统一标准。如对学生的评价并不反对学生之间存在的差异，身体运动技能基础较好的学生用一种标准，基础较差的学生用一种标准。这样一致性才可以激发学生们在体育课堂学习中的积极性和良好而持久的动机。

（三）考虑全面性多元化原则

课程教学评价要树立全面、多元的观点，要从民族传统体育课程教学工作的整体出发，进行多方面评定，防止以偏概全，以局部代替整体。评价的全面性原则主要是指在评价标准中不宜过分地突出某一个民族传统体育项目，要从多元化入手，从多个项目进行系统考虑。在评价过程中也不能偏听偏信，没有充分收集有关信息就进行判断。在民族传统体育课程的教学评价中贯彻全面性多元化原则，一方面要抓住评价标准的全面性和多元性，另一方面还要抓住评价过程中收集信息的全面性。

（四）充分贯彻目的性原则

在民族传统体育课程评价中要有一定的目的性。民族传统体育课程评价的目的主要是为提高体育课堂教学教育质量服务的。及时反馈信息，以便及时改正和提高。贯彻目的性原则，首先要明确评价的指导思想，在于帮助师生改进教学，提高教学质量。其次，信息反馈及时，不要等课程结束很久以后才把检评结果报告给受检者。再次，要重视实践过程中的形成性检查和评价，不能只进行总结性评价，要把两者结合起来，起到及时矫正的作用。最后，要分析总结，做到切合实际，发扬优势，克服不足。

(五)采用单一评价与综合评价相结合原则

单一评价是指评价者对评价对象从某个侧面进行的简单性评价;综合评价是指对评价对象进行全方位的系统性评价。民族传统体育课程教学是一个极其复杂的活动(既有室内,又有室外;既有理论,又有实践;既有课堂练习,又有课外活动;既有器械,又有徒手),对课程实施过程及体育教师的评价,则不仅要看他的教学效果与结果、训练水平、课外活动组织,还要看体育教师自身的专业知识、思想素质、科研能力和职业核心素养等。可以说综合评价才是对体育教师提出的更高要求,鼓励老师们成为一名复合型人才。

(六)坚持静态评价与动态评价相结合的原则

静态评价就是对评价对象已经达到的水平或已经具备的条件进行判断。其优点是便于横向比较,可以看清评价对象是否达到了某种标准。其缺点是不利于纵向比较,即不利于看清评价对象未来的发展潜力。动态评价是指对评价对象的发展状态进行的评价。这种评价有利于激发被评价对象的进取精神。通过动态评价可以看出被评价者的变化历程,从而发现其发展规律。但是,此种评价不利于进行横向比较。在体育课程教学中,无论是对体育教师教学过程和结果的评价,还是对学生体育学习的评价基本上都以静态评价为主,很少涉及动态评价。

三、民族传统体育课程评价的类型

在新课程改革下探讨民族传统体育课程评价的类型,有助于更好地发挥体育课堂教学评价的功能。民族传统体育课程评价的类型是多种多样的。根据评价的作用,民族传统体育课程评价可分为诊断性评价、形成性评价和总结性评价三种。

(一)诊断性评价

诊断性评价是指在课程实施开始之前,为使其计划更加有效地实施而进行的评价,所以有学者把此种评价称作事前预测评价。要求把握被评价事物的两种状态:

一是症状诊断;二是原因诊断。前者要求对所评价事物的状态做出判断,着重找出存在的问题;后者要求对存在问题的原因做出分析,并对发展变化的可能性进行预测,以便“对症下药”,采取可行措施,使新计划能在原有基础上得到有效的实施。诊断性评价主要运用在确定学生的入学准备程度,对学生做适当的安排,辨识妨碍学生学习的原因。

诊断性评价有两个显著的特点:一个是重诊断,即对原来的状态和效果进行判断;另一个是重治疗,即对发现的问题加以改进。

(二)形成性评价

形成性评价是指在民族传统体育课堂运行的过程中,为使活动效果更佳而修正其本身轨道所进行的一种评价,主要目的是明确活动运行中存在的问题和改进方向,及时修改或调整活动计划,以期获得更加理想的效果。形成性评价的着眼点是活动、练习过程中的评价,因此受到各界教育评价理论工作者和教师的普遍重视,形成性评价的任务是:调整学习活动,强化学生的学习,发现存在的问题,提供学习的矫正处方。

(三)总结性评价

总结性评价是指在民族传统体育课程实施后为判断其效果而进行的一种结果评价。一般是在学期或学年结束时进行的,但就某项活动而言,对其进行评价的时间应根据活动结束的时间而定。总结性评价是对身体练习的最终效果所进行的评价,就是确认达到目标的状态。形成性评价与总结性评价最根本的区别就在于,前者的主要职能是为师生不断提高课堂教学过程的质量提供及时的反馈信息,使学生从成功的体验中获得更大的学习动力,或是对发现的问题及时进行改进,使教师不断总结教学经验与教训,有针对性地扬长避短(见表5-1)。

表 5-1　诊断性评价、形成性评价和总结性评价之比较

类型	诊断性评价	形成性评价	总结性评价
价值	查明学生准备情况和不利因素	确定学习效果	评定学业成绩
目标	合理安置学生，考虑区别对待，采取补救措施	改进学习过程，适当调整教学计划与方案	证明学生已达到的水平，预测在后续教程中成功的概率
评价重点	素质、过程	过程	结果
手段	特殊编制的测验、学籍档案、身体活动记录和观察笔记分析	经常性测验、作业、日常观察和身体练习记录	考试，达标
测试内容	必要的预备性知识，技能的特定样本，与学生行为有关的生理、心理、社会环境和自然环境样本	课程计划和单元目标样本	课程和教程目标的广泛样本
试题难度	较低	依据教学进度与任务而定	中等
分数解释	常模参照、目标参照	目标参照	常模参照
实施时间	课程或学期、学年开始时，教学过程中需要时	课题或单元教学结束后，经常进行	课程或一段教学结束后，一般每学期1~2次
评价特征	回顾式	前瞻式	总结式

四、民族传统体育课程评价的反思与发展趋势

（一）民族传统体育课程评价的反思

1.民族传统体育课程评价目的在认识上存在偏差

从民族传统体育课程评价本身的目的来看，有两个。其一是检查体育教师的授课情况，帮助教师改进课堂教学艺术，提高教学效果；其二是了解学生的学习情况，使学生能看到自己的进步情况和需要改进的方面，在此基础上进一步提高对运动的

兴趣和爱好。在课程的实施中，民族传统体育课程的评价却存在着为评价而评价的做法，把体育课程评价作为体育教育最终的目的来看，而不是作为对学生的身体教育和增进学生民族传统体育知识、弘扬民族传统体育文化来进行，民族传统体育课堂教学好像就是为了考核而进行，考什么就教什么。

2. 民族传统体育课程评价的内容不够全面

在民族传统体育课程教学中对学生学习成绩进行评价时，仍受技术、技能教育观的影响过于强调对体能和技术技能的评定，而对定性评价的重视不够。这种考核与培养学生终身体育的态度和良好锻炼习惯的目标并不一致。从评价应从教学目标出发来看，真正的体育课程评价应该强调学生参与体育活动的态度和意识。

3. 民族传统体育课程评价方法的科学性尚显微弱

民族传统体育课程评价的方法不科学主要是指在评价中，过分强调终结性评价，而对过程评价（形成性评价）不够重视。以终结性评价作为民族传统体育课程评价的主要方法较为普遍，这种评价方法存在的弊端是显而易见的。由于评价与课程同步结束，因而，不能对授课和学习过程给予及时的反馈，无法适时帮助教师和学生改进传授过程和学习过程。这与当前国际课程评价注重形成性评价的做法相脱节。

对民族传统体育课程评价的11个要点

（二）民族传统体育课程评价的发展趋势

随着学校体育课程改革的不断发展，民族传统体育课程评价已成为学校体育教育管理和教育发展的重要手段，因此，体育课程评价日益备受重视，也得到了较快发展，具体而言，民族传统体育课程评价的发展趋势呈现出以下几个特点。

1. 民族传统体育课程评价主体的多元化

评价主体的多元化有利于实现评价的发展功能，更好体现因材施教、个性化培养的需要，给学生以弹性化、人性化的发展空间。为了在民族传统体育课程实施中贯彻素质教育的三个要义，必须树立全面发展的人才观，培养学生的体育核心素养。在民族传统体育课程评价中要体现促进人的“身心群”全面发展，同时应注重反映个性差异，注重发挥评价在教学体系中激励、调节、改进的功能。①

评价主体的多元化，就是要从单向转化为多向，增强评价主体间的互动，强调被评价者成为评价主体中的一员，建立体育学习者、体育教员、家长、管理者、社区和专家等共同参与、交互作用的评价制度，以多渠道的反馈信息促进体育学习者的发展。

2.更加注重对民族传统体育课堂教学过程的评价

现代学校体育课程的评价越来越关注发展过程，将形成性评价与总结性评价有机地结合起来，使体育学习者、管理者的发展过程成为评价的组成部分，而总结性的评价结果随着体育计划或者方案的修正、完善而成为下一次评价的起点，进入被评价者发展的进程之中。近20年来，体育课程评价越来越重视过程评价，重视体育过程中学习者兴趣、习惯和能力素养的培养。习惯的养成和能力的提高都是一个过程，而不是结果，这个过程是动态发展的。因而体育习惯与素养的养成和保持，必须形成坚持体育锻炼的良好习惯，这是体育课程体系实施过程的关键所在。

3.评价指标体系的综合化

民族传统体育课程评价需要打破单一的运动技术、技能和运动能力评价的各种格局，重视将显性与隐性评价结合起来。将显性与隐性评价结合的体育课程评价观对传统的体育课程评价观念提出了新的挑战。

以往对体育课程教学的评价一般是按照竞技运动项目的标准一味地用“高度、远度、时间以及准确度”等统一的显性指标去实现“达标”与“考核”，忽视了身体素质和技术能力的先天差异。先天素质能力强的学生，不需要努力就可以得高分，而先天素质能力弱的学生即使付出较大的努力也难以“达标”，客观上造成了学生之间的不平衡，使原本轻松、活泼的、学生十分感兴趣的民族传统体育活动，成为一部分学生的负担，形成了“学生喜爱体育而不喜欢体育课”的现象。所以，传统学校体育课程那种单纯的显性评价体系已经不符合终身体育思想指导下学校体育课程改革的新要求。

①杨文轩，陈琦.体育原理[M].北京:高等教育出版社，2004.

4.合理进行科学评价,重在激励

目前,在基础教育体育课程实施中普遍存在着厌倦上体育课的情况。由于运动是人的天性,青少年应该喜欢体育活动才对,为什么会随着年级的增加,厌倦情绪却与日俱增,最重要的一个原因在于我们的教学中没有合理科学地运用课程评价手段,使学习者在学习中看不到自己的成效和锻炼效果,挫伤了他们的学习积极性、主动性,因此,我们应针对上述问题,改变评价内容和评分方式,充分运用评价结果来激励学习者,使他们能看到自己的进步。比如在评价过程中,对后进生、中等生只做自身纵向比较,特别是对于后进生注重的是发展,设立后进生的进步表、中等生提高表、优秀生荣誉表,让每一个学生都能看到自己的进步和提高。

问题思考:

1.你如何理解民族传统体育课程实施的概念、本质特征以及价值取向?

2.民族传统体育课程实施中身体自觉练习以及身体发展的特点是什么?

3.民族传统体育课程效果评价的意义、原则以及类型有哪些?

下篇 实践篇

第六章 “龙腾英雄”:中华龙舞民族传统体育特色课程资源开发与实践

第一节 龙舞的起源与发展

一、龙舞的起源

史料显示,商代就有关于龙舞的记载,因此我们有理由说龙舞在商代已经出现或者龙舞的雏形已经出现。龙舞作为一种文化现象,它的面世不是偶然的,而是有着深刻的历史背景。商代是个龙崇拜极为盛行、巫舞极为普遍的时代,龙舞有可能应运而生,成为祭祀活动的主角。早在商代,就有“舞龙求雨”的记载;到了东汉时期“鱼龙曼延”之戏得到传承和发展,并成为皇家贵族的娱乐节目;元朝时期舞龙运动已经从根本上摆脱了以“求雨祭祀”为目的,彻底转变为民间娱乐性活动。[①]而今的舞龙运动已被纳入我国竞技体育项目,并在全民健身运动中发挥着极其重要的作用。

龙舞已经有了三千多年的历史,铜梁龙舞也是在这样的历史背景下发展和壮大起来的。

二、铜梁龙舞的发展

铜梁,古为巴国之城,现为龙舞之乡。铜梁龙舞,起于明,兴于清,享誉于现代,重庆民间俚语有云“大足朝佛(石刻),铜梁观灯(龙灯),合川看春(春会)”,可见铜梁龙舞久负盛名。铜梁是“中国民间文化艺术(龙灯)之乡”,“铜梁龙舞”是首批国家级非物质文化遗产,曾参加过中华人民共和国成立35周年、50周年、60周年、70周年庆典,参与北京奥运会开幕式、上海世博会等大型活动,还出访了美国、英国、法

①李英,杨爱华.舞龙运动的历史回顾与展望[J].解放军体育学院学报,2004(2):6-10.

国、澳大利亚、韩国、日本、卡塔尔等四十多个国家，在国际、国内享有盛誉，是铜梁区外宣的闪亮名片。

铜梁龙舞内涵丰富，形式多样，其中以“火龙”等最为出名。铜梁“火龙”是铜梁龙舞中的极品，表演场面令人震撼，给观众带来无尽的遐想，充分表现了龙乡人自强不息、奋斗不止的强大精神风貌。为保护和传承铜梁龙舞，有关部门实施了以政府为主导的“九进三出”的发展路径，即进机关、进事业、进企业、进社区、进村社、进校园、进军营、进广场、进景区，出铜梁、出重庆、出中国（图6-1）。

龙舞进课堂是近几年在铜梁区委区政府的坚强领导下，在铜梁区教委的高度重视和大力支持下，为传承铜梁龙舞提出的有力措施。这一举措为推动铜梁龙舞的发展、光大中华龙的精神、提升铜梁区中小学生素质做出了重要的贡献。

图6-1 “龙腾英雄地”龙舞表演

第二节 龙舞基础动作与组合

龙舞是一项综合了体育、舞蹈、技巧、表演的集体性民族传统体育运动。我们这里讲到的龙舞动作，仅仅是众多龙舞动作中的一些最基础、最容易掌握的动作。队员熟练基础动作后可根据身体素质情况学习更高层次的动作。龙舞的基础动作主要包括龙舞的把位、龙舞的舞法和龙舞的组合动作三个部分。

一、龙舞的把位

队员双手握龙杆，我们称握住龙杆底端的一只手为下握手，称握在龙杆中间的一只手为上握手。下握手一般要紧握龙把并封住底端，上握手应放松，随时能上下滑动，调整两只手之间的距离，以达到协调、舒适。

1.握把

首先队员要大八字步(或丁字步)站立,一只手虎口朝上握住龙把中上部位,另一只手叉腰。这是舞龙的预备姿势(图6-2)。要求:身体挺直,精神面貌良好。

2.举把

队员将龙杆竖直向上提,拳眼向上,上握手约齐眉,下握手齐腰,下握手端平呈弧形(图6-3)。要求:下握手要握住龙杆底端(封头),以避免舞动中龙杆伤害自己或队友。

3.滑把

队员的下握手握紧龙杆底端,上握手沿着龙杆上升、下降地滑动手的位置,以达到协调一致的效果(图6-4)。要求:上握手握龙杆的力度适宜,滑动自如。

图6-2 握把

图6-3 举把

图6-4 滑把

4.换把

队员的上握手下滑至下握手处,握紧龙把底端后,下握手才能沿着龙杆向上滑至约齐眉处。龙杆由身体的一侧移向身体的另一侧,即上下握手互相交换位置(图6-5)。要求:换把时,龙体不能抖动、摇摆,尽量保持竖直、平稳。

图6-5 换把

5.端把

队员的身体呈马步姿势站立，龙杆由举把变换为左右水平端把（图6-6）。要求：龙杆在身体的右侧时，左手为下握手；龙杆在身体的左侧时，右手为下握手。

图6-6　端把

二、龙舞的基础步伐

1.大八字步

队员的左右脚自然分开至肩宽，呈八字形（图6-7）。要求：上身挺直，精神面貌良好。

2.丁字步

队员一只脚的足跟靠在另一只脚的足弓处，左右脚呈丁字形站立（图6-8）。要求：两脚要呈丁字形，双腿夹紧，同时提臂，上身挺直，不能晃动。

3.马步

队员的两脚平行并立，两脚尖微向外斜，要保持大腿平直，与地面接近水平，大腿与小腿约呈90度（图6-9）。要求：膝盖在地面的垂直投影不得超过脚尖，胸背直上，不可前倾或后仰。

图6-7　大八字步

图6-8　丁字步

图6-9　马步

4.弓箭步

队员弓步的屈膝小腿与地面垂直（标准90°），不能向前或不到位，也不能左右歪斜，后腿须伸直，脚跟保持与地面接触（图6-10）。要求：弓步的膝盖在地面的垂直投影不能超过脚尖。

5. **台步**

队员收腹挺胸，小腿微屈，先用脚后跟着地，随后向前脚掌滚动，双脚重复做以上动作向前行进（图6–11）。要求：提脚跟、翻脚掌，上体保持正立平稳。

6. **小跑步**

队员用前脚掌着地，用小步子跑步向前进，前进速度可快、可慢，前进方向可左、可右（图6–12）。要求：步幅小，频率快。

图6–10 弓箭步

图6–11 台步

图6–12 小跑步

7. **矮步**

队员的两脚并拢，小腿弯曲，要保持大腿平直，身体微向前倾。脚后跟着地，再向前脚掌过渡（图6–13）。要求：身体保持平稳、步子要小、频率要快。

图6–13 矮步

8. **侧滑步**

队员的双脚自然张开，左脚向右脚靠拢的同时右脚向身体右侧平行滑出，也可右脚向左脚靠拢的同时左脚向身体左侧平行滑出，反复进行（图6–14）。要求：滑步时身体要挺直并保持平衡，不可前倾、后仰或左右摇晃。

图6-14　侧滑步

9.腾越步

队员单脚起跳后，前脚越过障碍物的同时后蹬腿迅速收起并越过障碍物，前后脚依次落地（图6-15）。要求：后蹬腿脚尖要绷直，过障碍物的速度要快。

图6-15　腾越步

三、龙舞的基础舞法

1.“8”字舞龙

队员呈大八字步站立，龙杆从身体的一侧开始向下划，画圆一周后再换把（或不换把）向身体的另一侧画圆，龙体在队员身体左右两侧交替作“8”字形状的舞动（图6-16）。要求：龙体运动轨迹要圆顺，人体姿态要优美。舞动要注意速度一致、力量协调。“8”字舞龙是龙舞运动中最基础的动作之一。

2.原地“8”字转体舞龙

队员双脚自然张开呈大八字步，龙杆从身体的一侧开始向下划，画圆一周后把位回到起点时不换把，以左（右）脚为轴心，上右（左）脚，身体做180°旋转，龙体始终在队员身体的一侧做圆形舞动，身体转动360°时形成“8”字形环绕舞龙（图6-16）。要求：龙体一直在队员身体的一侧舞动，转体时身体要协调。

3.单侧“8”字舞龙

队员一字排列，龙身在队员身体的同一侧做上、下“8”字舞龙。要求：舞龙时速度、高矮要一致。

图6-16 “8”字舞龙

四、龙舞的基础翻滚动作

1.前滚翻

队员两腿屈膝全蹲，上体前俯，两手扶地。两脚蹬地低头团身，以头、肩、背、臀依次向前滚翻，两脚落地起立。要求：滚翻时身体要成球体，滚动圆滑。

2.侧滚翻

队员左脚向前上步，上体前俯，左臂架在头上，右手下垂体前，左脚蹬地，以左手、后脑、左肩、背、臀、脚依次落地滚翻，当脚落地后右脚弯曲于左腿下方跪地迅速起立（图6-17）。要求：滚动时身体要成球体，滚动要圆滑。

图6-17 侧滚翻

3.侧手翻

队员左脚向前上一步,两臂侧平举,上体向前侧倾倒,左手先扶地,右腿顺势向上摆起;左腿蹬地向上摆起,右手向左手前撑地;先右脚后左脚依次落地(图6-18)。要求:手脚撑地与扶地成一直线,翻转要快,动作连贯。队员根据自己身体素质,也可以练难度较大的动作。如:前手翻、后手翻、空翻等。注意:必须有辅导老师保护。

图6-18 侧手翻

龙舞的组合动作

第三节 龙舞特色课程实施

——以铜梁二中为例

一、龙舞特色课程指导思想

《国家中长期教育改革和发展规划纲要(2010—2020年)》提出“树立以提高质量为核心的教育发展观,注重教育内涵发展,鼓励学校办出特色、办出水平,出名师,育英才”。铜梁二中全面贯彻党的教育方针,坚持教育为社会主义现代化建设服务,为人民服务,与生产劳动相结合,以培养德智体美劳全面发展的社会主义建设者和接班人为己任,以体艺教育为突破口,以“龙舞”进校园为抓手,积极探索、勇于实践,走出了一条普通高中特色办学、内涵发展之路。

铜梁龙舞既是体育,又是艺术,还有重要的育人价值。学习龙舞既能强身健体,又能提高审美水平,还能培养学生团结协作、拼搏进取的精神;基于铜梁二中历史悠久、底蕴深厚,拥有丰富体艺教学经验的优势,根据《重庆市教育委员会关于普通高中新课程实验课程设置及实施的试行意见》,经过充分调研和广泛征求师生意见,学校把龙舞课程确定为校本课程,进一步提出了“非遗进课堂,人人会龙舞”的特色建设目标。2010年9月,“铜梁龙舞”课程正式进入学校课堂(图6-19)。

图6-19 铜梁“龙舞”进二中课堂表演

二、龙舞特色课程目标

总体目标：以进一步做好国家级非物质文化遗产的传承和推动全民文化艺术活动的大力开展为主题，通过龙舞课程建设，激发学生的爱国主义、集体主义思想感情，弘扬民族文化；增强学生的文体知识，强健学生体魄，培养学生团结协作的精神，提高青少年的身体素质和综合实践能力。

具体目标：龙舞进课堂，人人会舞龙。规范管理机制，加大投入，加强宣传，改善教学和训练的环境；提高师资水平和传承人的业务水平；龙舞传承人达到2人；所有学生学习并掌握基本的龙舞技能；进一步完善校本教材《龙舞基础与技能》，提高精品课程质量，增强推广和运用的效果。

三、龙舞特色课程资源建设

学校制订培训计划，精心组织了龙舞师资培训，主要由3名具有龙舞专长的体育教师和聘请的龙舞专家（中华龙舞传承人周可吉、张永江、蔡明灿等专家）进行培训。现在学校直接参与龙舞教学和训练的艺体教师有18名，其中有非遗传承人1名，铜梁区龙舞表演队员3人，研究生2名。其次，学校逐年招考优秀的艺体教师，在编制紧张的情况下，优先保证艺体教师的指标。学校与西南大学学校体育发展研究所、西南大学音乐学院、重庆工商大学体育学院、四川美术学院等高校合作，聘请高校艺体专业教师来校授课，或在学校老师的带领下，将艺体生送入高校的艺体班短训，感受高校里独特的艺体氛围，激发艺体特长生的学习训练热情，确定自己未来的奋斗目标。

学校与虎峰中学、太平中学、蒲吕中学等多所初中学校开展“领雁工程”活动，为学校提供了优质艺体生源。

四、“龙舞”特色课程的交流表演

在学校领导的支持与全校师生的共同努力下，学校组建了校龙舞代表队，在课间或课外活动时间专门进行龙舞项目的技能训练与对外竞技交流。校龙舞代表队目前取得了优异的成绩，已得到社会各界和同行的好评与认可。2015年3月，铜梁二中龙舞队参加“中华龙狮大赛(米易站)”的比赛，获得自选项目和竞速项目两项全国冠军(图6-20)。

图6-20 龙舞队在“中华龙狮大赛”中的表演

问题思考：

1.龙舞的起源与发展背景是怎样的？

2.龙舞的把位、基础步伐以及基础舞法有哪些？

3.铜梁二中“龙舞”特色课程的指导思想、课程目标是什么？假设你参与了龙舞课程实践，是否会对龙舞产生兴趣？如果产生兴趣，将如何传承龙舞传统文化？

铜梁二中龙舞竞赛评价

铜梁二中龙舞表演

本章节照片和资料由铜梁二中提供

第七章　“空竹万里　人人参与”：空竹民族传统体育特色课程资源开发与实践

第一节　空竹的历史与起源

空竹在我国有着悠久的历史，早为宫廷玩物。在古时候，年轻女子玩空竹被视为高雅之举。它在杂技节目中代表着我国的国粹精品，演遍世界各地。学空竹使学生了解祖国灿烂的文化，使学生成为弘扬民族传统文化的使者。抖空竹不仅是锻炼身体的手段，也是一种优美的艺术表演，具观赏性，兼有体育和艺术的特性。合着节拍练空竹，可以训练学生的节奏感，而各种动作的演示，则可提高学生审美能力。万州区五桥小学以此为平台，培训传承三峡非物质文化遗产——三峡空竹的下一代传人。

一、空竹的历史由来

空竹早在汉代、三国时期就在民间相传。三国时期，曹植写过一首诗《空竹赋》：“乐手无踪洞箫吹，精灵盘丝任翻飞。小竹缘何成大器，健身娱乐聚人气。”

到了宋朝时期，《水浒传》原型人物宋江写过一首七言四句诗：“一声低来一声高，嘹亮声音透碧霄。空有许多雄气力，无人提挈漫徒劳。”

明代刘侗、于奕正在《帝京景物略》卷二中记述了空钟（空竹）的制作方法及玩法。清代坐观老人在《清代野记》中写道：“京师儿童玩具，有所谓空钟者，即外省之地铃。两头以竹筒为之，中贯以柱，以绳拉之作声。唯京师（指北京）之空钟，其形圆而扁，加一轴，贯两车轮，其音较外省所制，清越而长。”

空竹是我国汉族民间传统的杂艺游戏活动，流行于全国各地，北方更是盛行。空竹曾风行于城乡百姓之中，尤其是给年节增添了喜庆的气氛，使人们至今难以忘怀。空竹集健身、娱乐、技巧、收藏、趣味于一体，于2006年被国务院公布为第一批国家级非物质文化遗产。如今抖空竹运动已经遍及世界各地，正在被世界上更多的人了解、喜爱和接受。

二、空竹的命名与构造

空竹古称“胡敲”，明清以前，人们叫它“空钟”，也叫“地铃”“风葫芦”，在不同方言中的叫法各有不同。北方叫“空竹”，在南方有人叫“嗡子”，济南俗称“老牛”，天津人叫它“风葫芦”或者“闷葫芦”，四川人叫它“响簧”，上海人叫它“哑铃”，山西人叫它“胡敲”，长沙人叫它“天雷公”，台湾人叫它“扯铃”。抖空竹亦称“抖嗡”“抖地铃”“扯铃”，流行于全国各地，天津、北京及辽宁、吉林、黑龙江等地尤为盛行。

根据构造，空竹可分为单轮空竹和双轮空竹。从图7-1中可以明显看出，空竹是由发音轮和抖轴两大部分组成的。空竹有一个发音轮，一个主绳槽，一个副绳槽。

双轮空竹的构造基本与单轮空竹相似，只是轴的两端有两个发音轮，一个绳槽（图7-2）。

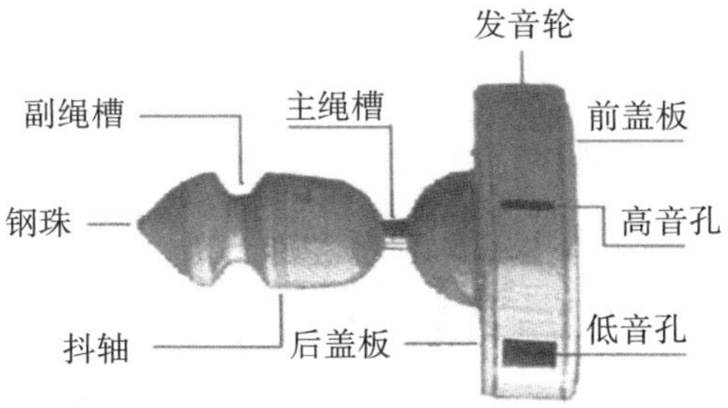

图7-1　单轮空竹构造

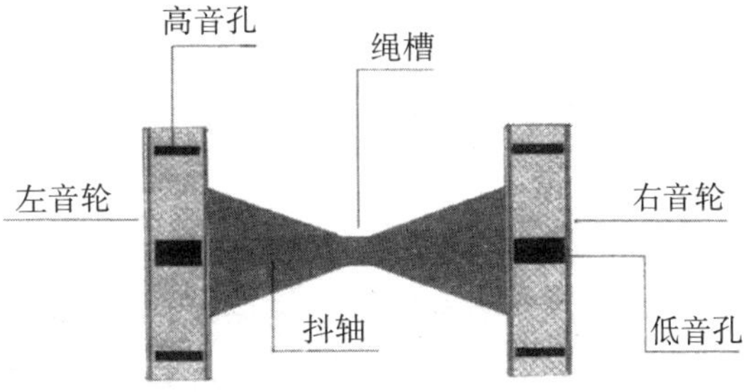

图7-2　双轮空竹构造

三、空竹的种类

（一）按空竹的结构分类

（1）单头空竹：一个轴连接一个发声轮（图7-3）。

（2）双头空竹：在一个轴的两端各连接一个发声轮，有的可安装发光器（图7-4）。

图7-3　单头空竹

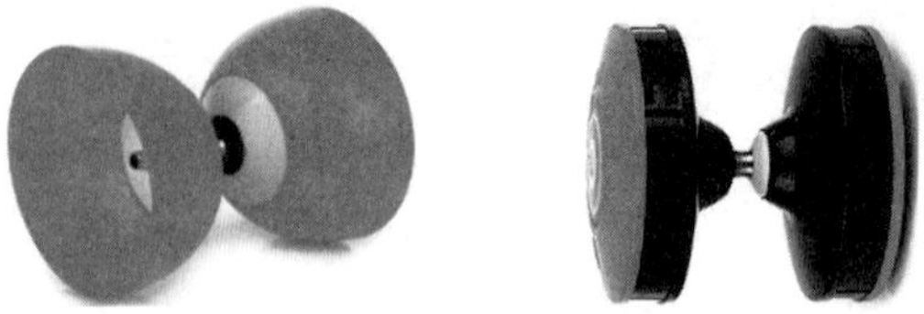

图7-4　双头空竹

(3)楼子空竹:无论是单头空竹、双头空竹或是双轴空竹,凡是连接多个发声轮(2个以上)的,均为楼子空竹(图7-5)。

图7-5　楼子空竹

在空竹的直径中,最小的空竹直径仅有2 cm,而最大的空竹直径可达40 cm以上,一般情况是10~13 cm。过小的空竹主要用于练技巧,过大的空竹可练臂力、练腰劲、练腿劲。

(二)按制作的原材料分类

(1)竹木空竹。优点:发出来的声音悦耳好听。其缺点是易损坏。

(2)塑钢、塑木空竹。优点:质量基本一致,使用寿命是竹木空竹的3倍左右。

(3)玻璃钢与木材空竹。优点:声音洪亮,强度高,韧性好,使用寿命长,一般是竹木空竹的3~5倍。

(4)塑胶+金属空竹。优点:不易损坏,使用寿命更长。

(三)按功能分类

按功能分类,空竹可分为以下三类:

(1)练习表演空竹:一般规格的空竹。

(2)工艺品空竹:既可以抖着玩,又可以观赏收藏。

(3)电子空竹:抖起来既有彩色灯光,又有音乐。

四、空竹的挑选

(1)空竹不应太重也不应太轻,最好在220 ~ 280 g之间。(半斤左右)

(2)空竹直径在11 ~ 13 cm之间。

(3)空竹的材料必须抗摔,耐磨,有弹性,越透明越光亮的材料越好,浑浊的一般是劣质的塑料。

(4)空竹的边缘应该光滑,避免锐边,转速快时容易割伤皮肤。

(5)空竹的绳子必须耐磨,不要太粗,用纯棉的线绳。绳子长度:双臂伸展开,本人左手虎口到右手虎口的长度最合适。

(6)空竹的杆要结实轻便,握把舒适,吸汗。空竹杆的长度在35 ~ 40 cm之间,直径为1 ~ 1.3 cm,穿绳子的地方必须光滑,以免磨绳子。

五、空竹的健身功能

抖空竹是全身运动,靠四肢的巧妙配合完成的,能促进全身的血液循环,提高四肢的协调能力,促进人脑的发育,提高灵敏性。学生经常参加此项活动,可不断提高注意力,提升更快接受新事物的能力,提高学习成绩。

(一)抖空竹是一项有氧健身运动

抖空竹有利于提高人的反应灵敏度和动作协调能力,使上下肢的关节、肌肉、韧带都得到锻炼。这项运动对各关节的锻炼是全面的。它需要大幅度运动,转体下蹲,上仰下俯,使肩关节、肘关节、腕关节、膝关节、踝关节、腰椎和颈椎都得到锻炼。

经常做这项运动的人,关节比较灵活,患关节疾病的很少。肩周炎、颈椎和腰椎病,通过抖空竹锻炼,症状都能有所缓解或解除。

(二)提高视力,促进智力的发展

抖空竹时,注意力要高度集中,眼睛始终都要注视着空竹,随时反映给大脑,以便做出正确的判断,准确无误地完成花样动作,所以双眼和脑神经在抖空竹的过程中会不断得到锻炼和提高,尤其是在蓝天白云下眼球不停地转动,能起到提高视力的作用。

抖空竹,做各种花样技巧,能促进大脑发育,提高大脑机能,尤其是青少年经常参加此项活动效果更佳,可不断增强注意力,提高学习成绩。

(三)抖空竹对消化系统的影响

神经系统的活动能力提高,可以改善其他系统的机能,因此,抖空竹运动对胃肠道消化系统起着机械性的刺激作用,从而改善消化道的血液循环,促进消化能力的提升。

第二节　空竹特色操基本动作

一、抖空竹的原则、基本要领与手法

抖空竹是我国历史悠久的一种集娱乐、游戏、健身于一体的民俗体育活动,也是国家非物质文化遗产项目。它的优势弥补了一般体育活动受场地、器材、难度等因素的限制的不足。

(一)抖空竹的原则

1.安全原则

空竹旋转起来速度快,力量大,有时会出现落地或抛出的动作,如果掌握不好就会发生意外,让他人和自己受伤,加之空竹训练场地又比较狭小,所以抖空竹时同学们一定要注意安全。

2.循序渐进原则

抖空竹在抛接中具有一定的危险性,小朋友们在学习的过程中,应合理安排教学内容,由简单到复杂,逐步增加难度。

3.创新原则

小朋友们在练习空竹时,要大胆创新,敢于和别人不一样,举一反三地创编简单的动作和花样。

4. 合作原则

抖空竹有个人表演也有多人组合表演，同学们在练习时要学习和他人配合，要充分体现团队合作意识。

（二）基本要领

1. 握杆要领

大拇指向上朝前，与食指握杆，其余三指灵活，握杆的两手相对，两杆头与空竹三点成一线 。

2. 提拉要领

用滚动提拉，把空竹放到身体的右边，右手低，左手高，向左边滚动，右手向上提。

3. 平衡要领

平衡空竹，初学者抖起空竹容易两头翘，后轮高用右手绳向后拉线；前轮高，用右手绳向前拉线，左右线绳夹角越大，平衡效果越好。

4. 调向要领

表演空竹要好看，有时方向要改变，杆擦前轮向右转，杆擦后轮向左转。

5. 加速要领

用右手线向左靠后，右手向下用力提拉，左手横向拉。配合而不用力，杆头前后稍微错开一点，左前右后，这样加速转得快。

6. 步法要领

学抖空竹并不难，形体步法是关键。一般可以分为左点步、右点步、前点步、后点步。女生点步英姿美，男生弓步更潇洒。

基本步法主要有上步、进步、跟步、撤步、跳步、旋转步等。

●上步：一脚向前迈进一步。

●进步：两脚交互迈进两步以上。

●跟步：一脚向前迈一步，另一脚跟着向前迈步。在抖动过程中调整某些动作的方位时运用较多。

●撤步：一脚后退一步，另一脚随之后退半步。

●跳步:一脚蹬地跳起,另一脚随之腾空后落地。

●旋转步:以一脚为轴心绕身体纵轴向左或右转动的动作。如盘丝、转身抛接。

(三)抖空竹的基本手法

目前抖空竹的基本手法主要有抖、拉、甩、挑、抛、捞六种。

(1)抖:双手将空竹协调拉送,是空竹动作中最基础的手法。

(2)拉:通过抖绳用力将空竹从某一方位向另一方位移动。如:拉月。

(3)甩:为了使空竹提速,利用手腕急速摆动,使空竹产生位移。

(4)挑:将空竹从杆上或绳上某一点向需要的地方送去,分杆挑和绳挑两种。

(5)抛:利用抖绳的弹性将空竹弹出去,而不是扔出去。如:抛高。

(6)捞:是空竹脱绳后重新用绳接住空竹的手法。这是空竹活动中运用最多最精彩、最关键的手法。

二、空竹十六节特色操

1.抛高

用下交叉抖法将空竹加速到一定转速时,摘扣,双杆头相对,使空竹下沉停稳。然后,双手同时用腕力将空竹向正上方挑起抛出,随后将抖杆线绳向左右拉紧,左手杆指地,右手杆指天,杆头对准空竹轴心,把空竹接住,抛接时要求直上直下(图7-6)。

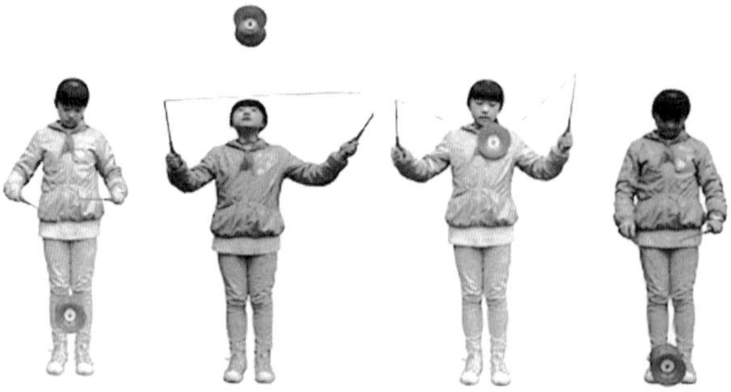

图7-6 抛高

2. 挂灯笼

待空竹有一定转速时，摘扣，双杆低垂，左手持杆与肩同高，右手一般高，左臂弯曲，右臂尽量伸直，向左方摆动空竹，同时右脚向左脚后做后叉步。随后，右手拉线待空竹摆到左方尽头时，双手再像前面所述摆动空竹向右方做同样的动作(图7–7)。

图7–7 挂灯笼

3. 荡秋千

待空竹有一定转速时，摘扣，双杆低垂，左右手一般高(尽量与胯同高)，左臂尽量伸直，右臂弯曲，向左方摆动空竹，同时右脚向左脚后做后叉步，待空竹摆到左方尽头时，双手再像前面所述摆动空竹向右方做同样的动作，形如青龙摆尾之势(图7–8)。

图7–8 荡秋千

4. 旋

先把空竹抖转，接着盘成立盘动作，把速度盘起来。等空竹盘稳，两手同时用力，把空竹抛向身体右前方空中，并高于头部，左右手迅速把杆线从头顶移到身体下面。然后，左手杆向上伸直并用左手杆盘住下落的空竹后，左手顺势把空竹从左手臂下向身体左上猛拉，同时身体向左右转动，但脚的站位不动。反复数次(图7–9)。

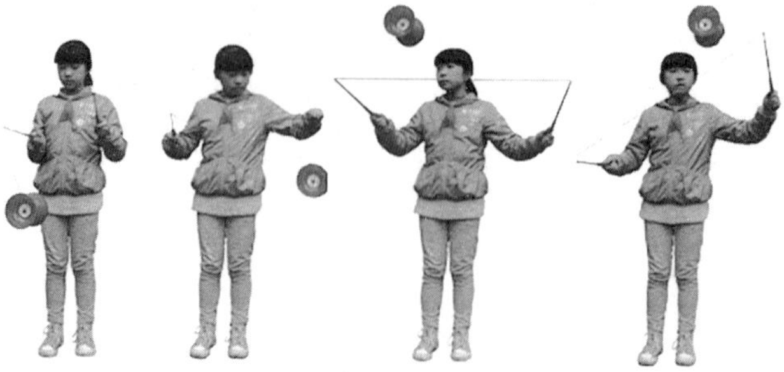

图7–9 旋

5.挂铃

开线运铃，把铃绳拉直，铃弹起。当铃落至腹部时，将铃绳自铃下经铃上绕铃一圈后接住铃。如此可重复数次(图7–10)。

图7–10 挂铃

6.外翻花

双手持杆，解扣。空竹移到左边时，左手曲臂持杆，右手将线由左杆内侧向下绕空竹下方，使空竹向左斜上方弹出。顺势下摆至右方同时完成右边动作(图7–11)。

图7–11 外翻花

7.挂臂

使空竹转动起来，让空竹高速旋转。空竹由右向左转动到与身体平行，与身体垂直（此时空竹转动一圈），这时使交叉于空竹中心细轴的两线分开，此时空竹没有扣。顺势把右手连杆带线向右移动至右手臂右边，使右手杆线在右手臂下面。这时左手杆线向上抬起高于头部，然后，用力把空竹弹出线至右手臂的线上，再让空竹从右边手臂下面线上滑至左边。然后把空竹弹出线至右手臂的线上，最后让空竹从右边手臂下面线上滑至左边，如此反复多做几个，这就是挂臂。同时，身体应随着空竹由右向左转动而转动（图7-12）。

图7-12 挂臂

8.左右望月

空竹杆头占三分之一，先左边，后右边。要做此动作，身体步伐要跟上，左右点步或弓步（女式为点步，男式为弓步）。杆头朝高，待空竹有一定转速时摘扣，空竹顺势从右方滑向左方。此时左手杆从空竹后轮上方回收到轴心处，呈30°，架着空竹，右手杆拉直线绳放在右胯前，此动作为左望月（图7-13）。

图7-13 左望月

待空竹在杆上旋转片刻后，左杆头向左推送空竹，使空竹下滑到右边线绳上，右手杆顺势将空竹带向右上方，右手杆从空竹后轮上方回收到轴心处，呈30°，架着空竹，左手杆拉直线绳放在左胯前，此为右望月。待空竹在右手杆上旋转，右手杆向右方推送空竹，使空竹回落到线中央（提示：抖杆应与空竹轴呈90°，以保持空竹不倾斜）（图7-14）。

图7-14　右望月

9.横打杆

使空竹转动起来，让空竹高速旋转。解扣，用旋的动作使空竹由右向左转动到左杆，左杆与肩同高，右边动作同左边（图7-15）。

图7-15　横打杆

10.左右弹跳

将空竹抖至一定的转速时摘扣，左手杆高，右手杆低，使空竹停留在右半部的线上。左手杆向左挥动一次，空竹即弹跳一下，弹跳高低与左手挥动时用的力大小成正比。待弹起的空竹落在线绳上，左手杆继续向左挥动一下，空竹第二次弹起。如此反复不断做此动作，空竹就会弹跳数次（图7-16）。

图7-16 左右弹跳

11.上杆抱月

待空竹有一定的转速后，摘扣，将右手杆横在胸前，双手同时向上挑动杆头，使空竹跃起落在右手杆上。此时杆头应稍向上翘起，以保持空竹在杆上稳定旋转，犹如金鸡站在架上。如做左手杆金鸡上架时，杆头应低垂，以抵消空竹向左转动的冲力，保持平衡状态（图7-17）。

图7-17 上杆抱月

12.过桥冲摆

待空竹有一定转速时，摘扣。双杆向两侧展开平举过头，使空竹滑到左杆头处，同时左脚向左前方上一步，左手杆高举，右手杆缓慢低垂，使空竹逐渐向右方滚动。快到杆头时，双杆同时下垂，空竹自然回落到线的中央，站位还原（图7-18）。

图7-18 过桥冲摆

13.礼尚往来

礼尚往来亦称缠铃，变化很多。呈开线后，身体向左微转，人正对铃轴。左杆横举在外稍低，右杆在内稍高。手持右绳，对左杆：由上而下绕一圈回来；再由下而上倒绕一圈回原位（或说由里向外绕一圈，再由外向里绕一圈，图7-19）。

图7-19 礼尚往来

14.连环望月

使空竹转动起来，让空竹高速旋转，身体对准空竹，空竹与身体平行、垂直（抖的动作，不解扣）。然后，左右手同时用力，把空竹甩向左边高于头部，顺势把左手杆头架于空竹中心细轴上，同时，左腿退一步到右腿后面，身体向下半蹲，左右两手伸直，杆线绷紧，左手杆高于头部，右手杆低于头部，头向左转90°，并用眼睛向上看着空竹，身体随空竹慢慢地转动，腿不用动，5~10秒，收势即完成（图7-20）。

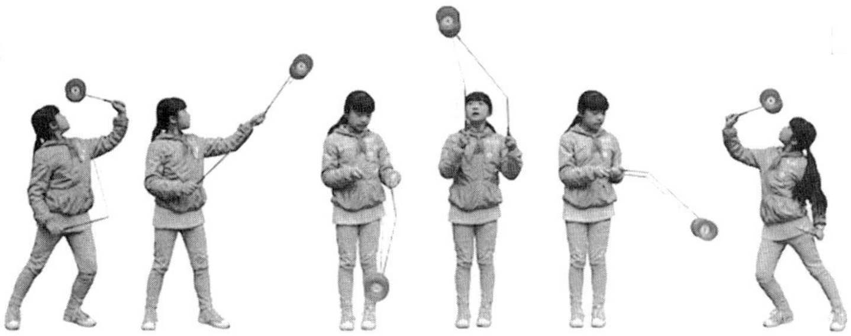

图 7-20 连环望月

15. 跳弧线

使空竹转动起来，让空竹中速旋转即可。左右手同时用力，把空竹由下向上抛出半米左右。然后用左右手杆接住下落空竹的中心细轴，顺势反复做此动作。同时，身体应随着空竹上下弹跳而跳动(图 7-21)。

图 7-21 跳弧线

16. 万事如意

在杆上架的基础上，左右双手在胸前并列平伸，杆头稍翘起，右杆金鸡上架的空竹被抛起。然后用左手杆接住，空竹在左手杆上再被抛起，右手杆接住。这样可反复多次，犹如金鸡飞渡(图 7-22)。

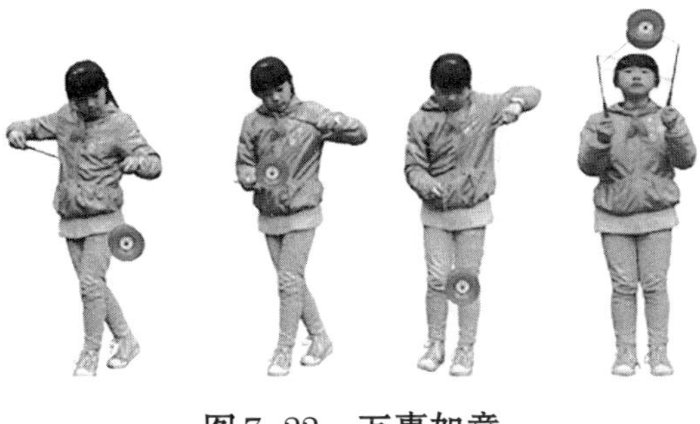

图 7-22 万事如意

第三节　空竹特色课程实施

——以五桥小学为例

一、课程目标与方向

根据学校自身实际情况，结合空竹项目自身特点，制订出空竹特色课程创建的内容和预期目标：

(1)学生人人会抖空竹，并且在完成空竹基本技能的基础上能创新花样，培养学生的创新能力。

(2)编写空竹校本教材，系统地对学生进行抖空竹的教学，增强学生的身体素质，促进学生身心健康发展。

(3)编一套空竹操，集早操课间操于一体，让学生在阳光下健康成长。

(4)让学生进一步了解祖国的传统文化，传承三峡空竹非物质文化遗产，增强学生爱国、爱家乡的情怀。

(5)开发空竹校本课程，使更多的学生能学会这一技能，并通过学生向周边区域辐射，使体育锻炼成为人自身的需求。

二、空竹项目的推进与特色凸显

(一)普及空竹，人人参与

第一步，我们要求全校老师学会抖空竹，然后由老师带动学生抖空竹。第二步，要求学生人人有空竹，熟悉空竹的基本动作，逐步达到喜欢空竹，自觉进行抖空竹活动。

（二）纳入大课间，师生参与

2014年秋，学校组织教师精心创编了三峡空竹操，并将师生空竹操纳入每天的大课间活动，师生共同参与（图7-23）。如今，气势恢宏的空竹操已经形成了学校的一道靓丽风景。

图7-23 空竹操大课间

（三）纳入课程计划并考核

自2015年3月起，学校将空竹引进课堂，把空竹教学纳入课程计划，每周各年级体育课至少上1节空竹课，并将空竹教学及学生学习情况纳入教学考核。这样，100%的学生参加到空竹运动中来。

（四）成立三级表演队进行训练

学校成立了校级师生空竹队，利用每周星期二、三、四中午和下午进行技能训练，由专职教师进行指导。校级队代表学校参加各级竞赛和表演。各年级成立了年级队，由年级组长和抖空竹骨干教师指导，各班还成立了班队，由班主任和中队辅导员指导，参加学校每年两次的空竹竞技表演，评选空竹小能手，并奖励优秀班级，纳入年度考核。

（五）专家跟踪指导

校外万州区非物质文化遗产——三峡空竹传承人应德琼老师，在全国多次获奖，空竹表演技艺精湛。她不辞辛劳，坚持每周三天到学校进行空竹技艺传授和辅导。在她的精心指导下，学校师生进步快，动作标准，空竹队先后多次在校内外表演。

2014年10月,学校师生空竹队参加“全国空竹万里行——万州站”表演活动,获得成功。

(六)建立培训机制

学校还完善了空竹师资培训机制,先后派人到北京、上海、重庆等地学习培训。形成以“校外辅导员培训专职教师,专职教师培训校级空竹队,校级队员培养带动全体老师”的培训模式。对于学生,除了体育课进行教学外,也采用这种训练模式,高年级带低年级,会的带不会的。制作优秀的专职教师或辅导员空竹示范光碟,利用班班通系统进行学习,如主任江冰利用假期到北京向专家学习,回来自己制作了示范光盘,让师生学习,效果良好。

(七)普及基本技能,鼓励创新发展

以学校空竹操为基础,以课堂教学为主,师生互学为辅,学生共同学习空竹的传统玩法,普及基本知识和基本技能。在普及学习基本技能的基础上,鼓励花样创新,突破传统技艺。把音乐、舞蹈和抖空竹相互融合,丰富空竹表演形式。

(八)开展空竹课题研究,推动特色创建

学校正在申报市级课题“小学空竹校本课程开发与研究”,通过课题研究推动学校特色创建工作。

问题思考:

1. 空竹的构造、种类以及健身功能有哪些?
2. 学习抖空竹的基本要领和基本原则是什么?
3. 空竹特色项目在五桥小学是如何推进和凸显其特色的?

本章节照片和资料由万州五桥小学和彭义老师提供

第八章 “一鼓作气”：民俗腰鼓民族传统体育特色课程资源开发与实践

第一节 腰鼓的文化起源与发展

一、腰鼓的文化起源

在乐器家族里，鼓可以说是最古老的乐器之一。在世界各地，几乎每个民族、部落都有本民族特色的鼓乐。铜鼓、木鼓、架子鼓、石鼓等可以敲出声来的，都可以当作乐器。远在上古时代，我们勤劳的祖先在会说话唱歌的同时，就开始用鼓来表达自己的思想感情了。据传说，我们的祖先发现枯树干和实心树干有完全不同的声音，并且发现中空物里有音量增大的共鸣作用，于是便用空心树干蒙以兽皮和蟒皮做成了木鼓，供娱乐时敲打。到了汉朝，不仅有大小、形状、质地、装饰不同的鼓，而且民间出现了舞鼓乐。在古代，鼓不仅是乐器，而且还是军中必备之物。

《曹刿论战》中就有“一鼓作气，再而衰，三而竭”的名句。汉朝初年，守卫边疆的军队常用鼓、箫、笳等乐器合奏一种乐曲，以壮军威，叫作“鼓吹”；军中用以报时、警众或发号施令者，叫作“鼓角”；出战时擂鼓呐喊，大张声威，叫作“鼓噪”。鼓，还有特殊作用：有一种铜鼓，古代人把它作为一个地区或一个部落的政权与经济势力的象征，族长或酋长像保护身家性命那样保护这种铜鼓。此外，在寺庙中，“晨中暮鼓”，鼓还可以作为报时的工具。鼓的分类有：腰鼓、狼涨（狼鼓）、渔鼓、同鼓、花盆鼓、大堂鼓、书鼓、点鼓（怀鼓）、战鼓、排鼓、琴鼓等。

腰鼓相传由羯鼓演变而来，4世纪开始流行，唐代腰鼓因演奏中的作用不同，称为“正鼓”或“和鼓”。明代以来，“凤阳花鼓”“花鼓灯”和淮北“花鼓戏”中多用到腰鼓，并逐渐演变为现在的形式。腰鼓形似圆筒，两端略细，中间稍粗，两端蒙皮，鼓身有两支铁环，用带子悬挂在腰间，两手各执一木槌敲打。腰鼓无固定音高，音响清亮，是腰鼓队的主要乐器，既可用作伴舞乐器，也可作为舞蹈道具，表现欢快热闹的情景。

二、腰鼓的类别与发展表演

（一）腰鼓的类别

腰鼓大小不同，包括一号腰鼓、二号腰鼓、三号腰鼓（图 8–1）。

（二）腰鼓的组成

腰鼓由鼓身和鼓面组成。鼓身是用木头制作的，像一个小小的木桶一样，中间鼓鼓的，两头有点细，鼓身涂着朱漆，或者画着花纹图案。鼓的两面蒙着牛皮、马皮或羊皮。鼓身的一边装着两个鼓环，就像妈妈的耳环（图 8–2）。

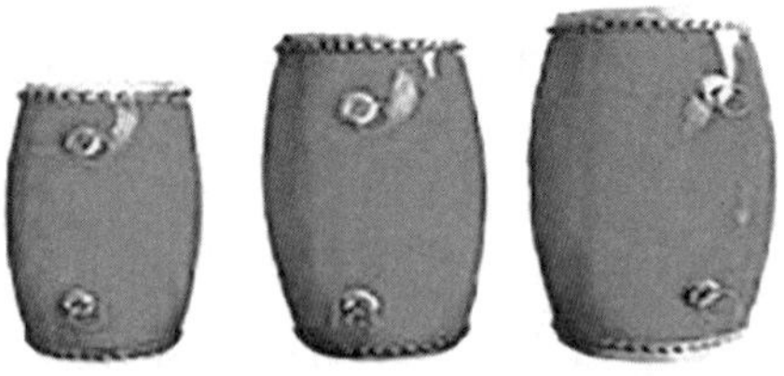

图 8–1　腰鼓的类别

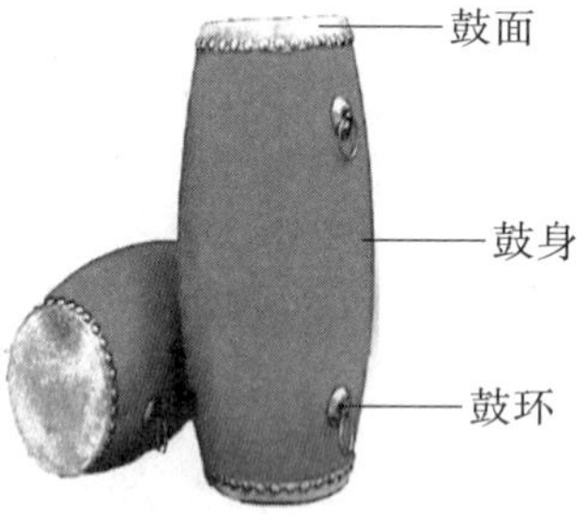

图 8–2　鼓的组成

每个腰鼓配两支鼓棒，鼓棒长大约 25 cm，一头粗一头细，细的一头上有鼓槌，用来敲击鼓面，粗的一头用来抓握，系着飘带，飘带长约 20 cm。打腰鼓时，飘带随着两只手臂飘舞，十分漂亮（图 8–3）。

鼓带是系在腰鼓鼓环上的带子，利用鼓带可以将腰鼓背在左腰上，通常为红色，看起来喜气洋洋（图 8–4）。

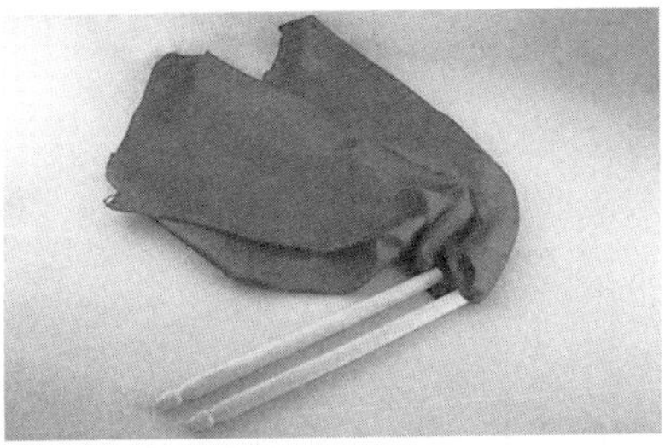

图8-3 鼓棒和飘带

图8-4 鼓带

(三)腰鼓的发展表演

安塞腰鼓是一种非常独特的民间大型舞蹈艺术,具有2000多年的历史。安塞腰鼓是流传在陕西省北部安塞区一带的一种民间广场群体艺术,是陕北民间艺术中独特而具代表性的艺术形式。它在长期流传过程中形成了粗犷豪放、剽悍威武、刚劲激昂、气势磅礴、浑厚雄壮、威猛刚烈、铿锵有力、舞姿优美、潇洒大方、流畅飘逸、快收猛放、有张有弛、群而不乱、变化多端等特点。

凤阳花鼓又称“花鼓”“打花鼓”“花鼓小锣”“双条鼓”等,是安徽地区一种集曲艺和歌舞为一体的汉族民间表演艺术,以曲艺形态的说唱表演最为重要和著名,一般认为形成于明代。凤阳花鼓与花鼓灯、花鼓戏并称凤阳三花。清康熙、乾隆年间,许多文人的诗文记录了凤阳花鼓表演时载歌载舞的热闹场面。清中期以后,舞蹈因素逐渐从民间的凤阳花鼓中淡出,仅剩下唱曲部分,分为“坐唱”和“唱门头”两种形式。凤阳花鼓是根植于凤阳汉族民间的戏曲艺术瑰宝,有凤阳“一绝”之美称,并入选首批国家级非物质文化遗产名录。

腰鼓是一种精彩的民间舞蹈,是一朵璀璨的艺术奇葩,是一种极具艺术魅力的文化样式。“鼓声荡人心,鼓舞怡人情。”青少年从小学打腰鼓,可以充分体悟鼓声中蕴含的中华民族的强劲之气与阳刚之美。学打腰鼓,可以练耐力,提情绪,张扬个性,可以促成学生学会相互间的团结与合作。学打腰鼓,听节奏,练招式,重身手,讲秩序,从心中长“知识”、练“思辨”。学打腰鼓,更可以活动经络、锻炼肌肉、强化骨骼。应该提倡中小学生积极主动学习这种融“树理想”“长知识”“炼身体”为一体的简单易学的民间技艺。

第二节　腰鼓基础动作与组合

一、凤林腰鼓的基本挎法

(一)鼓带的基本系法

先把右边的鼓环系住,再把左边的鼓环来回穿三次(图8-5)。凤林小学自编穿鼓带歌:"鼓带系一头,穿、绕、拉,抓住另一头,来回穿三次,鼓带穿好啦!"

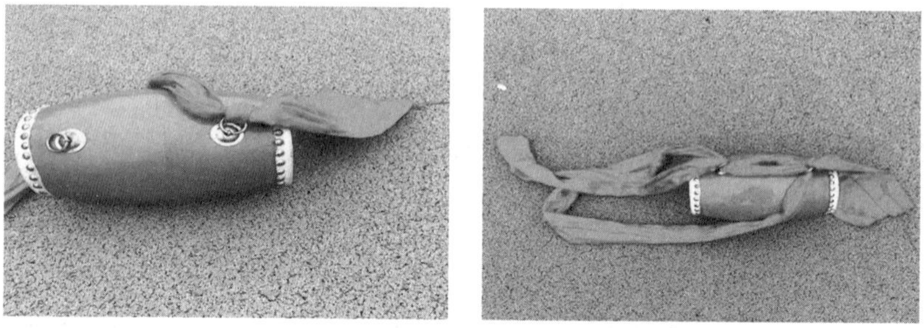

图8-5　鼓带的系法

(二)腰鼓挎法和鼓棒握法

腰鼓的挎法很简单,凤林小学自编了一首背鼓歌:"提起红带子,挂在右肩上。挎鼓在左腰,鼓带系右腰。系成一朵花,美丽又漂亮。"

第一步:提起红带子(图8-6)。

第二步:背在左腰上(图8-7)。

第三步:带子绕腰间(图8-8)。

第四步:拴成一朵花(图8-9)。

图8-6 提起红带子

图8-7 背在左腰上

图8-8 带子绕腰间

图8-9 栓成一朵花

二、腰鼓击打的技术

(一)腰鼓击打的基本鼓点

腰鼓的基本鼓点分为九点：× ⊙ | × ⊙ | × ×⊙ | × ⊙ ‖

咚巴 咚巴 咚咚巴 咚巴

(二)腰鼓击打的基本敲法

(1)碎点：就是“咚”，轻轻地连续无节拍地敲打。

(2)单点：就是“咚、咚、咚、咚”，右手敲打。

(3)双点:就是两手同时敲打一面鼓面,或者右手敲打右边的鼓面,左手同时敲打左边的鼓面。

(4)边点:就是用鼓棒敲击鼓面的边缘发出声音。

三、腰鼓的准备式和起式

(一)腰鼓准备式(图8-10)

自编准备歌:“鼓槌在中间,飘带在两边。左手手心朝上,右手手背朝上。脚站丁字步,挺胸抬头看前方。”

(二)腰鼓起式

呈丁字步站好,挺胸抬头,目光平视前方,面带微笑,自然有力地站好;左右手握住鼓棒,鼓棒放于鼓面,手心向上,右手握住鼓棒举过头顶与地面平行(图8-11)。

图8-10 准备式

图8-11 腰鼓起式

四、起鼓点

起鼓点共四拍六点。

打法:第一、二拍与第二小节的基本鼓点相同(图8-12)。

第三拍打在右手上,同时左手收到胸前,左手不击鼓,第四拍停顿(图8-13)。

图8-12 起鼓点第一、二拍

图8-13 起鼓点第三拍

五、基本鼓点的手脚配合敲法

原地踏步是腰鼓中最简单的步法，就像我们平时上体育课踏步一样，节奏是一、二、三、四，节拍一、三在左脚上，节拍二、四在右脚上。加上手的动作后，注意手脚的协调。

| × ⊙ × ⊙ | × × ⊙ × ⊙ |

一 二 三 四

1.节拍一、三："×⊙"，"××⊙"（图8-14）。

图8-14 手脚配合节拍一、三

2. 节拍二、四:"×⊙","×⊙"(图8-15)。

图8-15　手脚配合节拍二、四

凤林腰鼓自编动作

第三节　腰鼓特色课程实施

——以凤林小学为例

凤林腰鼓教学

一、凤林腰鼓的特色思路

凤林腰鼓是凤林小学借鉴安塞腰鼓、凤阳花鼓,并从该校实际情况出发编制的腰鼓表演活动。凤林小学的腰鼓主要应用于大课间锻炼体能,培养老师和同学们的协调性,同时也用于节日、迎接来宾等。

凤林腰鼓教育有良好的发展基础,它与学校所处地域文化相融合。学校所处地区早在1990年就成立了"夕阳红"社会团体,他们的主要特色就是击打腰鼓,并多次代表村,镇、区级参加各种社会活动,深受广大村民的喜欢。受此影响,许多孩子都熟悉腰鼓并对腰鼓有很深的感情。学校的特色建设应该深深植根于原有农村的本土地域文化,校本课程建设应以"学民间技艺,承中华文化,养高尚品德,做时代新人"为开掘的总体思路。于是,以"腰鼓教育"为龙头,打造特色品牌的思路就这样形成了。

二、凤林腰鼓的特色教学

(一)分层教学,分步实施

凤林小学的腰鼓培训实行分层教学与训练,分步加以实施,根据学生年龄和学习难易程度编排了腰鼓校本教材。首先,从目标上看低段教学的文化内涵是认识腰鼓,了解腰鼓的历史文化渊源,认识腰鼓服饰;知识点是学会正确佩带腰鼓。鼓点要求是学会基本鼓点和起鼓点。其次,中段教学的文化内涵是了解腰鼓历史发展与表演形式;知识点是学习鼓手要求,认识大鼓、钗子及作用介绍,鼓点是学习“串花篱笆、展翅欢呼、展翅跳跃、仙鹤展翅、笑看君容”等基本花样。最后,高段教学的文化内涵是认识腰鼓的作用和意义,了解和认识地方腰鼓(安塞腰鼓)知识点是继续学习“马步横移、四海探珠、燕子翻身、碧波荡漾、蛟龙行空、金锣起舞”等花样,学会利用基本花样组合套路练习表演。

在教学上,学校利用每天大课间活动对全校师生进行基本鼓点和花样练习(图8-16)。回到班级教师会对每个班按学校制定的计划,从腰鼓的佩戴、基本鼓点、花样练习,分层一步一步教学,并进行人人过关。班主任利用课余时间再进行指导,纠正,强化、巩固。最后,学校再进行集中合练。就这样循序渐进,一支初具规模气势不凡的腰鼓队诞生了。

图8-16 大课间的花样腰鼓练习

（二）融入游戏，趣味教学

1. 击鼓传花游戏

请一个学生上台击鼓，节奏按照基本鼓点进行，其他学生在台下进行传花，当击鼓的鼓点停止，传花就停止。花落到谁的手上谁就上台表演节目（图8–17）。

图8–17　游戏击鼓传花

2. 手脚配合镜子游戏

分组游戏规则：采用镜面教学方法，学生面对面学对方动作，看谁学得像，学的准，双方同学同时进行，其中一人边做动作边念："请你像我这样做……"，另一位同学跟着做相同的动作（图8–18）。

图8–18　镜子游戏

（三）交流表演，促进发展

目前，凤林小学已达到"人人有腰鼓，人人会腰鼓"的普及目标，得到了社会、家长的一致赞誉。腰鼓教育与学校阳光体育有力结合，为阳光体育健康校园的实施提供了良好的载体。同学们展示的风采就是对学校腰鼓教育的有力佐证。大家坚信，在全体师生的共同努力下，凤林小学腰鼓特色教育的路将越走越远，越走越宽，真正成为重庆市两江新区城乡均衡发展学校的典范。如2018年凤林鼓娃参加北碚区蔡家街道百姓大舞台群众文艺之星大赛表演（图8-19）。

图8-19　凤林鼓娃参加北碚区蔡家街道百姓大舞台群众文艺之星表演

凤林腰鼓表演

问题思考：

1.腰鼓的起源背景是什么？

2.腰鼓的类别和组成部分有哪些？

3.凤林腰鼓校本课程自编动作包括哪几个部分？通过对凤林腰鼓的了解，你会加入凤林小学腰鼓队吗？

本章节照片和资料由北碚凤林小学和陈淋老师提供

第九章　“龙舞状元　光彩绽放”:草把龙民族传统体育特色课程资源开发与实践

第一节　草把龙的起源与构成

一、草把龙的起源

《中国诗词大会》以破竹之势走红全球,不断圈粉,家喻户晓,最根本的原因在于节目激活了植根于国人骨血中的传统文化基因,引起了广泛的共鸣。诗词歌赋、四书五经、琴棋书画、赏月观灯……那些烙上中国印的传统文化陶冶人的情怀、培育人的道德、浸润人的心灵。在泱泱中华上下五千年的历史文明中,龙早已成为一种传统文化的凝聚和积淀。它是中国的象征、中华民族的象征、中国传统文化的象征。对于每一个中华儿女来说,龙的形象是一种符号、一种意象、一种血肉相连的情感!“龙的子孙”“龙的传人”这些称谓,常令我们激动、奋发、自豪。

诗曰:

千谷草编草把龙,儿童玩龙气如虹。

跟着大龙钻火海,条条都是中国龙。(摘自《巴渝农耕》)

蔡家草把龙起源于清朝巴县蔡家场,广泛流行于蔡家及周边地区,因用稻草编制成龙形而得名。蔡家草把龙既是一种具有古朴审美价值和童真意趣的工艺品,又是一种极具乡野风味的游乐形式,透露出浓郁的巴渝地方色彩,蕴含着深厚的儿童文化和节日文化,体现了不可复制的巴渝民俗民风。

北碚区蔡家草把龙,因用稻草编制成龙形而得名,是儿童的节日(尤其是春节)游乐玩具。其编制工艺属民间传统工艺美术,舞玩方式属民间娱乐游戏。草把龙的起源,据说是来自乡下,因乡下有玩草把龙闹春备耕的习俗。蔡家依山傍水,在当时素有川东粮仓之美誉。蔡家盛产水稻，稻草俯拾皆是，是编制草把龙得天独厚的自然资源。不花一文钱，而且制作简便，因而小孩子玩草把龙比成人玩大龙更普遍，不光过年玩，平时也玩。

刘映升为蔡家草把龙传人，他创办巴渝农耕文化陈列馆，整理了蔡家草把龙的编制方法及舞龙动作。蔡家草把龙由重庆巴渝农耕文化陈列馆挖掘传承，2013年列入重庆市北碚区第三批非物质文化遗产名录，被誉为重庆第三条龙，9月进入状元小学并成立蔡家草把龙研究基地。

二、草把龙的构成

草把龙以稻草为基本材料，从头到尾共9节，由龙头、龙身、龙尾、龙眼、龙须、龙衣、龙把、逗引草把龙的龙珠等部分构成。现分别介绍如下：

1.龙头

（第1节）龙头为草把龙最重要的部分，由上颚、下颚、舌头组成。用稻草编成同样形状的三块，舌头较小，合拢绑扎成龙头（图9-1）。

2.龙身

（第2-8节）龙身共7节，用稻草挽成约30 cm长、8 cm直径的草把，扎紧，插入龙把（图9-2）。

图9-1　草把龙龙头

图9-2　草把龙龙身

3.龙尾

（第9节）龙尾为草把龙的最后一节，就是将龙身的一头辫成草辫，露在龙衣外面，也可用编龙头的方法，两颚合在一起，把草散开成鱼尾形（图9-3）。

4. **龙眼(龙的眼睛)**

备两个核桃或乒乓球,用约20 cm见方的白布或白绸包裹扎紧,从龙头上颚两边对穿过,系稳;把布牵开做成眼睑,在眼球上用墨画上眼仁(图9-4)。

图9-3　草把龙龙尾

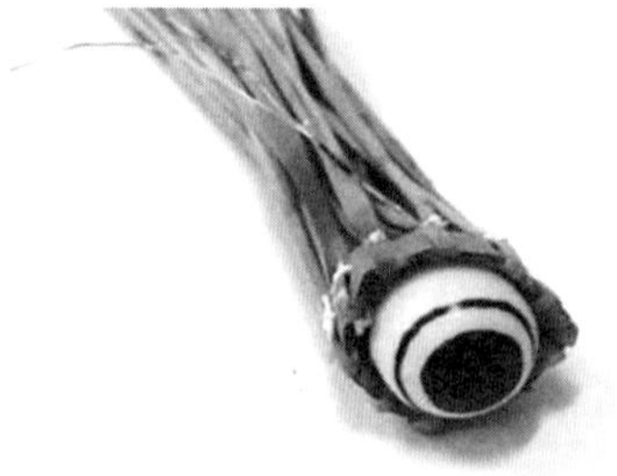

图9-4　草把龙龙眼

5. **龙须(龙的胡须)**

用一缕麻丝系在下颚下方(图9-5)。

6. **龙衣**

龙衣即龙鳞、龙甲,用红布和黄布做成,全长13 m左右,其中前后两节分别长约2 m,中间每节长约1.5 m。红布镶黄边。红布宽约20 cm,锯齿形黄边宽约6 cm,从头到尾披(系)在龙身上(露出龙头、龙尾)(图9-6)。

图9-5　草把龙龙须

图9-6　草把龙龙衣

7. **龙把**

龙把是插在草把龙的头、身、尾、珠上的竹棍(长约1.2 m),手握住以便舞动。

8. **龙珠**

龙珠俗称"宝",能旋转,玩龙珠又叫"逗宝",引龙前行或舞动。龙珠做法:用竹篾挽12个直径约8 cm的圆圈，两两相连，扎成直径约20 cm的球。用粗铁丝做成套子，插在竹把子上，可以旋转。龙珠用彩色纸或毛线装饰。

第二节　草把龙舞的基本动作

草把龙的编制

一、基本步型

1. 正步

两脚靠拢，脚尖对前方（图9-7）。

2. 小八字步

两脚跟靠拢，脚尖分开（图9-8）。

图9-7　正步

图9-8　小八字步

3. 大八字步

重心落在双脚掌上。两脚跟相距一脚半，其他同小八字步（图9-9）。

4. 弓箭步

右脚（或左脚）向前迈出，屈膝，小腿垂直，脚尖朝前，左脚（或右脚）挺直，脚尖稍内扣。重心在两腿中间，上身右（或左）脚尖同一方向（图9-10）。

图9-9 大八字步

图9-10 弓箭步

二、基本步法

1.圆场步

沿圆线行进，左脚上一步，脚跟靠在右脚尖前，脚跟先着地，再移至前脚掌，同时右脚跟提起。右脚做法同左脚，两脚动作保持在一条线上（图9-11）。

动作要点：双膝微屈放松，快走与慢走时都要求身体平稳。

2.矮步

两腿半屈，勾脚尖迅速连续地以脚跟到脚尖滚动向前行进。每步大小约为本人的一个脚长（图9-12）。

动作要点：挺胸、塌腰、身型正直。身体重心要平稳，不要有上下起伏现象。落步时，由脚跟迅速过渡到全脚掌，并注意步幅。

图9-11 圆场步

图9-12 矮步

第三节　草把龙特色课程实施

——以状元小学为例

作为龙的传人，尤其作为教育人，让中华民族传统文化在中国娃幼小的心里生根发芽是我们义不容辞的使命。建校之初，学校就提出“行行出状元，人人放光彩”的办学理念，并大力引进民间艺术家到学校开设工作室。其中“蔡家草把龙”作为中国非物质文化遗产，学校将其引进，以此为状元小学传承传统文化的切入点。于是，新建学校、中国龙、草把龙三者有机地融合起来，以传承传统文化为基础，助推新校快速发展。

草把龙属于民俗文化，开发校本课程并实现校本课程多元化、多样化。与一般校本课程比较，民俗校本课程占据很大优势。将一些民俗知识渗透到教育教学中，让尘封已久的名俗体育文化大放光彩。民俗体育多元化发展，能够使不同种类、不同主题的校园文化得到全面的融合。总而言之，将名俗体育融入构建特色校园文化中，是一条独具特色的传播途径。

一、草把龙校本课程的初步形成

草把龙入驻校园这一举措得到了校领导的大力支持、教师与学生的积极响应。蔡家草把龙工作室的教师积极投身草把龙的活动中，在编龙和舞龙的两大内容上都有明显的突破。

在舞龙道具的改造方面，草把龙是由龙珠、龙头、龙身、龙尾构成，龙身由9根竹竿支撑，算上龙珠，共需10人协调合作、共同舞动。经反复研究，摸索出舌头、下颚、上颚的大小比例为1∶2∶3，使草把龙的制作规范化，教学训练更具操作性，更能引入课堂。2013年11月在五、六年级组建两支校队，参加学校及周边的表演。2014年4月各班级草把龙编制及舞龙逐步展开。各年级舞龙节数：一、二年级3节，三、四年级5节，五、六年级7节，校级龙队9节。草把龙的编制和舞龙动作由简入难。

动作由最基本的分解动作到动作组合，由单条独舞到多条组合，由各班组合到全校组合，打造气势磅礴的舞龙场景。学生充分展现出草把龙舞的形态和神态，同心协力去完成每一个舞龙动作，锻炼力量、速度、耐力、协调性等，使形体、身体机能、身体素质、心理素质等都得到改善与提高。

草把龙在教学内容和教学方法：学生从三年级开始学习草把龙编制，学习基本编法；四至六年级学造型；老师和各班选派的3名学生和3名家长，由工作室教师集中培训1周，学编龙头、龙身、龙尾。要求各班级互帮互学，高年级帮扶低年级；组织家长委员会协助学生编制，在编制过程中贯穿历史文化教育，介绍龙的知识、状元龙赋、蔡家草把龙的来历、龙的各个组成部分的意义、龙的各种故事传说、龙的成语、校训释义等，激发学习兴趣。

编写教材，在教学中逐步完成。先写出简易教案，再将教学过程、教学内容合并整理成教材；编写教材，由学校相关职能部门组成编写委员会负责编写。2013年12月，《草把龙编龙教材校本课程》初步形成初稿，主要内容是编制草把龙的基本步骤和舞龙步伐的动作释义，蔡家草把龙入驻学校，已初具规模(图9-13)。

图9-13　学生别样的课外作业

二、草把龙校本课程的理论与实践结合

教师是影响课程改革和课程实施的主体。体育教师是实施校本课程的直接参与者，提高体育教师在教学工作中的积极性，能使校本课程得到更全面更科学的开

发。教师的行为、思想和观念对校本课程的实施起着关键作用,决定着教学质量。教师对校本课程的理解程度、教学方法的运用、目标的设定、教学方案的设计、课程的评价等,对实施效果产生着重要的影响。在校本课程的开发中,必须对教师进行全面的培训,才能够保证校本课程的正常实施和运用。

草把龙以体育课程为主要渗透学科,并分成低中高三个水平段,表9-1显示,草把龙教学内容以草把龙的起源文化为主线,按照草把龙的趣味性、编制特征、舞龙的单个动作等由易到难的顺序进行教学,使草把龙这项民俗体育循序渐进地贯穿于六年制体育课程教学中。

表9-1　草把龙课程学习纲要

水平段	内容
低段目标(1~2年级)	1.了解草把龙文化的起源及历史 2.掌握跑跳步、擎龙、打浪动作,能说出动作名称
中段目标(3~4年级)	1.了解草把龙的起源及历史,感受祖国草把龙的文化内涵 2.掌握草把龙制作的基本技法,能完成简单的原地八字、跳龙珠、定型的盘龙
高段目标(5~6年级)	1.感受我国民间草把龙的文化内涵,形成爱家乡文化,立志传承的情感 2.熟练掌握草把龙的制作办法,能熟练完成游龙、八字、快穿进、跳龙身、龙舟、中字技术动作 3.学会简单的草把龙动作的创编,形成技术创编能力
校龙队目标	1.在前面的基础上加强套路的训练,包括组合动作和单个动作的技术配合 2.整套自选套路的强化训练和巩固

将草把龙文化渗透到其他学科,实现以课程为实践载体创建特色校园文化的目标。语文课程可以以龙文化故事的形式进行挖掘,或以作文比赛的形式,启发学生了解和认知这一文化;美术课程中,学生用水彩笔勾出龙的各种姿态和不同颜色,通过手工课的撕、摆、贴、剪等方式表现草把龙的热闹场面;音乐课程中,学生学习打击乐器、音乐欣赏,都以调动学生对民间艺术产生浓厚的兴趣为基础。

三、丰富的校园活动，状元龙润物无声

（一）大龙小龙齐欢腾

巧妙设计大课间，让草把龙在课间欢腾。状元小学精心设计了两套大课间活动方案，每周三进行"龙舞状元"大课间活动：伴随着雄浑豪迈的音乐，校龙队的九条大龙和班级龙队的58条小龙在操场上翻腾飞舞、色彩明艳、气势恢宏。全体学生随着音乐的节奏，整齐地跳龙操，中华龙之豪迈气势尽显于学生的每一个动作。

（二）班级活动展特色

舞龙完毕，开展每个班级的特色活动。这些活动来源于状元小学体育教师根据草把龙的基本动作创新设计的游戏项目。在这些项目中，巧用常规的体育器材进行龙文化传递。一年级龙珠接力、蛟龙出海等，二年级捉龙尾、扒龙刺、地滚龙等，三年级群龙戏珠、打龙头、穿龙尾，四年级赛龙舟、打龙尾、胯下穿龙珠，五年级穿龙身、群龙送宝，六年级双八字舞龙、龙的传人。学生在各种丰富且趣味性强的体育活动中感受龙精神，龙之精神传承到每一个状元娃心中。

（三）民间艺术家进校园

每年一度的民间艺术家进校园活动，是状元小学的一大特色课程。活动中，来自北碚区工艺美术学会的100多名民间艺术家走进校园，用作画、书法、根雕等几十种民间艺术与学生零距离交流。交流现场，艺术家们两三下就剪出了一条"状元龙"，看得围观的同学们目瞪口呆。状元小学一直致力于研究如何发挥学校"文化传承"的阵地优势，建校以来，一直坚持开展艺术家进校园的活动课程。

四、草把龙的对外交流

学校积极争取每一个展示舞台，让状元娃用自己绝妙的表演展示状元龙之精神。如2015年，状元小学举行了隆重而特别的"六·一"庆典——全国中小学生舞龙

舞狮大联动活动启动仪式暨校园舞龙比赛(图9-14)。2015年4月24日,状元小学校荣获"全国中小学舞龙舞狮教育示范学校"的荣誉称号 。2015年9月25日,状元小学草把龙队受邀参加"中国梦·巴渝风"百姓大型文艺晚会演出。2016年5月1日至4日状元小学草把龙队参加2016年第四届中(小)学生舞龙舞狮锦标赛,荣获"体育道德风尚奖"。

图9-14 草把龙"六·一"庆典街道展示

草把龙表演

问题思考:

1.草把龙的起源背景如何?草把龙由哪些要素所构成?

2.状元小学草把龙是如何编制成的?你能成功编制草把龙吗?

3.状元小学草把龙校本课程的理论与实践是怎样结合的?通过对草把龙的认识与实践,你会对草把龙产生兴趣吗?

本章节照片和资料由北碚区状元小学和范书春老师提供

第十章 “绳飞扬 梦起航”:花式跳绳民族传统体育特色课程资源开发与实践

第一节 跳绳的起源与发展

儿时嬉戏跳跃间,而今甜忆谈笑时。提起跳绳,很多人都有一种深深的情结。一条绳子伴随着美好的童年,一种运动带来一生的健康。欢快之余,你曾想过跳绳是何时走进人们的生产和生活,又是怎样诞生和壮大的呢?

一、起源——结绳于古,跳绳于汉

当女娲“乃引绳在泥中,举以为人”时,绳子便伴随着人类一起生活。上古无文字,结绳以记事。《易·系辞下》:“上古结绳而治,后世圣人易之以书契。”

在古代战争中,交战双方常使用“绊马索”。在绊和避绊的军事训练中,改骑马跨越绳子为单人跃绳而过,由此不断演变成为跳绳活动。

最早出现的跳绳史料是汉代画像石上的跳绳图,证明在汉代已经有了跳绳活动。《北齐书·后主纪》:“游童戏者好以两手持绳,拂地而却上跳,且唱曰:‘高末’。”这本是作为谶言而记载的一件事,却给我们留下了关于儿童跳绳游戏的最早文字记载。

二、成型——游戏于唐,杂技于宋

唐人段成式《酉阳杂俎·境异》:“八月十五日,行像及透索为戏。”可见,唐代不仅有跳跃穿过绳索的游戏,还将这种游戏命名为“透索”,使跳绳活动开始有了专门的名称。

南宋以后，跳绳活动发展为杂技百戏。宋孟元老《东京梦华录》："自早呈拽百戏，如上竿、趯弄、跳索、相扑、鼓板、小唱、斗鸡……"从唐代的"透索"，到南宋的"跳索"，跳绳的名称更为形象而具体了。

三、发展——民俗于明，青睐于清

明代的跳索渐渐成为一种民俗，每逢佳节，民间都有跳绳活动，而且出现了多人轮跳的游戏方式。据沈榜《宛署杂记·民风一》载："儿以一绳长丈许，两儿对牵，飞摆不定，令难凝视，似乎百索，其实一也。群儿乘其动时，轮跳其上，以能过者为胜，否则为索所绊，听掌绳者绳击为罚。"

跳绳在清代是一项冬季的户外活动，深受儿童喜爱。潘荣陛《帝京岁时纪胜·岁时杂戏》记录了清代北京元宵节民间的娱乐活动，其中有："博戏则骑竹马，扑蝴蝶，跳白索，藏蒙儿。"阿英《灯市》："二童子引索略地，如白光轮，一童子跳光中，叫'跳白索'。"民国以后才称之为"跳绳"。

四、兴盛——普及于今，专业于世

跳绳作为一项古老的体育娱乐游戏活动，广泛流传于世。随着时代的变迁和社会的发展，党中央和国务院高度关注民生，重视体育事业发展。跳绳活动成为教育部和体育总局推广的一项全民健身活动，并将这个项目纳入中考，在全国中小学迅速普及，得到了史无前例的发展。

跳绳运动在世界各国非常流行。20世纪中叶，加拿大等国推行跳绳运动预防心血管疾病，缓解社会医疗压力。美国从1978年开始，提出"跳绳强心"运动，每个学校都有代表队。德国开设了跳绳课，教师每期对学生作出跳绳评价。韩国、日本、法国、比利时等国定期举办跳绳比赛活动。其他国家各具特色，跳绳活动开展如火如荼。

体育无国界，随着全球的深度探索与和广泛交流，一批体育工作者和跳绳爱好者推陈出新，跳绳的花样不断增多，跳绳的功能不断扩大，跳绳的文化不断丰实。跳绳不仅是具有娱乐性的群众运动，也呈现了专业化的发展趋势。为了促进跳绳运动的发展，我国每年都要举办片区资格赛和全国跳绳总决赛，组队参加亚锦赛和世锦赛，并取得了优异的成绩，为我国的体育事业增光添彩。

第二节　花式跳绳的基本动作教学要领

一、跳绳基本动作的要领

1.跳绳基本功：简单跳绳法

准备动作：双脚并拢，进行弹跳练习2~3分钟（弹跳高度为3~5 cm）。

开始跳绳，注意手腕做弧形摆动。初学者先跳10~20次，休息1分钟后，重复跳10~20次。非初学者可先跳30次，休息1分钟后，再跳30次（图10–1）。

2.单脚屈膝跳

右腿屈膝，向前抬起。踮起脚尖，单脚跳10~15次，换左腿重复上述动作。休息30秒钟，每侧各做2轮（图10–2）。

图10–1　简单跳绳法

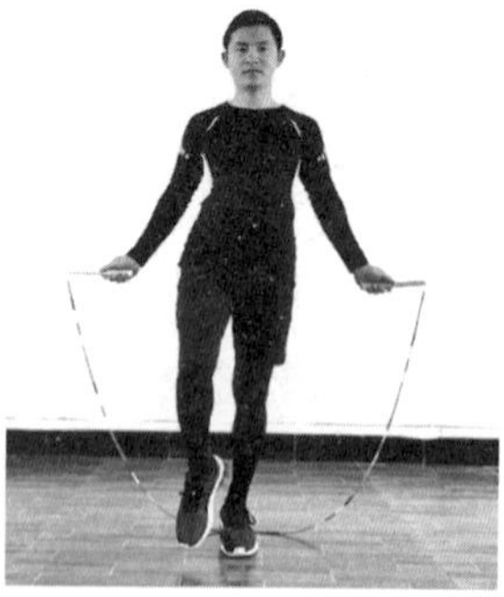
图10–2　单脚屈膝跳

3.侧身斜跳

这个动作能训练你的耐久力，增强你的外展肌和内收肌。两人一前一后站在跳绳的左右两侧，先侧身单脚跃绳向前跳，然后斜身跳回原位。跳跃时应注意用力摆动双臂。跳1分钟之后休息10秒钟,重复练习2次(图10-3)。

4.分腿合腿跳

先做跳绳准备运动,然后跳绳,跳跃时双脚叉开,着地时双脚并拢,重复动作15次(图10-4)。

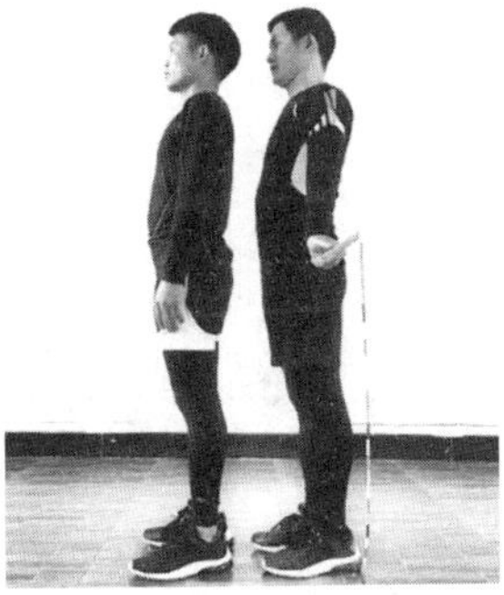

图10-3　侧身斜跳

图10-4　分腿合腿跳

5.绕旋跳

两人跳绳练习:一人叉开两腿蹲下,甩动绳子使跳绳在地上画弧线,另一人则不断地从甩动的绳子上跳过去。速度由慢逐渐加快,1分钟后两人交替(图10-5)。

6.侧脚跳

先从简易跳绳法开始,然后用双手手腕挥动跳绳,右脚跳绳,不着地的左脚则斜向一侧,跳15次。换另一只脚跳15次。非初学者可练习快速跳绳,即绳子从脚下滑过时连跳2次。练习时,应注意脚不要抬得过高、过慢,否则容易被绳子绊住(图10-6)。

图10-5　绕旋跳

图10-6　侧脚跳

7.双臂交叉跳

先做跳绳准备运动，然后双臂交叉跳绳。当绳子在空中时，交叉双臂，当跳过交叉的绳子之后，双臂反向恢复原状(图10-7)。

8.双人跳绳

对跳绳者集中注意力和协调一致的能力要求比单人跳绳高得多。(图10-8)

图10-7　**双臂交叉跳绳**

图10-8　**双人跳绳**

(1)采取并排站立的姿势。每人用外侧的一只手握住绳柄。先开始练习简易跳绳法，两人同时用双脚跳绳，然后练习同时用单脚跳绳。

(2)采取一前一后的站立姿势。身高者站在后面，并挥动跳绳

第三节　跳绳特色课程实施

——以大桥学校为例

一、跳绳特色课堂建设

在阳光体育运动的引领下，大桥学校集思广益，确定了“立德树人、提质创特”的发展思路，把不受场地限制和不受天气影响的跳绳活动作为特色学校建设的载体，确定了“创建重庆市体育特色学校，跳出国门奔世界”的宏伟目标，大力推进了跳绳

活动，增强学生身体素质，提高学生运动水平。大桥学校建设“绳飞扬，梦起航”特色课堂，成为山区学校特色课改的一面旗帜。

图10-9 大桥学校小学部课堂花式跳绳展示“双人车轮”

江津区在深入推进课程改革过程中，提出了建设“三空间活力课堂”，包括“教室小课堂、校园中课堂、社会大课堂”三个课堂，打造具有江津的课改特色。大桥学校积极将跳绳运动融入“三空间活力课堂”，作为“校园中课堂”的重要内容，在“课程辅助活动”中全力开展跳绳运动(图10-9)，吸引全校师生及家长广泛参与，经过多年努力，在2016年5月，江津区大桥学校被授予“重庆市体育特色学校”，在特色办学与课程改革探索的道路上，迈出了可喜的步伐。

大桥学校跳绳“三空间活力课堂”，包括体育锻炼小课堂、校园展示中课堂、社会实践大课堂。体育小课堂，一周两节体育课，普及基础跳绳，推广花式跳绳；校园中课堂包括大课间活动和跳绳艺术节，一学期一次班级跳绳王比赛，一学年一次跳绳争霸大检阅(图10-10)；社会大课堂分为跳绳竞技比赛和社会综合实践活动两个方面。为了培植师生“以绳为友，以跳为乐”的浓厚情趣，营造“天天都跳绳，爱跳就健康”的良好校园课外活动氛围，普及跳绳运动基础，推广花式跳绳，学校确立了“周期年”跳绳活动普及方案。

图10-10 大桥学校初中部花式跳绳大课间

（一）周：每周两节跳绳课

大桥学校把跳绳纳入学校体育工作，每周每班开设两节跳绳课，确定单人跳、双人跳、梅花跳三个基本项目，一、二年级开展基础跳绳，三年级以后训练花样跳绳。一节由专职跳绳教练训练跳绳技能，一节由班主任检验学习效果（图10-11）。

（二）期：学期两次班级赛

学期初，由教练测试学生跳绳项目基础数据，制定学期学生个体训练提升标准，每学期进行两次班内小组跳绳比赛，比赛结果上报学校教练组，保证人人参与，个个提高（图10-12）。

图10-11　课堂双人跳花式绳操

图10-12　花式跳绳：一网打尽

（三）年：一年一次大检阅

学校面向全体学生普及花式跳绳，搭建学生自我展示的舞台。中学部编排了“绳韵之美”大课间活动，以花样跳绳为主，融入快板、舞蹈等元素，学生参与率超过百分之八十。小学部“百花齐放”花式绳操，音乐欢快优美，彩绳飞舞犹如一道道彩虹，灵动的身影像花朵在盛开。学校每年开展一次大型跳绳艺术节，开展花样跳绳比赛，检验学习和训练的效果。大桥学校集体花式跳绳，跳出了青春活力，跳出了快乐健康（图10-13和图10-14）。

图 10-13　花式跳绳：同步 50 个摇绳手

图 10-14　跳绳队花式表演大检阅

花样跳绳让孩子们兴趣盎然，孩子们爱上了学校，爱上了跳绳，更爱上了学习。身体在自由锻炼中强壮，心灵在潜移默化中陶冶，智慧在“绳彩跃动”中启迪。大桥学校拧着一根充满梦想的同心绳，向着未来努力奔跑！

二、科学训练，雏鹰展翅

追梦桥校人，齐拧同心绳。2014 年大桥学校组建跳绳校队，由专职跳绳教练负责训练：每天晨跑训练体能，大课间训练技能，课外活动训练身体素质，日均训练时间 2 小时以上（图 10-15）。大桥学校跳绳队在各项比赛中，取得了令人瞩目的成绩，如“五丰黎红杯”2016 年全国跳绳锦标赛中，大桥学校跳绳队五名队员参加了七个组别的角逐，获得了五个单项冠军、三个亚军、一个季军（图 10-16）。在同年的 7 月，又获全国跳绳联赛总决赛两块金牌，成功获得 2017 年 8 月在韩国举行的亚洲跳绳锦标赛资格，实现了大桥学校“翻越大山走出重庆，跳出国门奔世界”的宏伟愿望！

图 10-15　大桥学校跳绳队花式跳绳训练：双人 1 带 1 前撑跳

图 10-16　参加“五丰黎红杯”2016 年全国跳绳锦标赛

问题思考：

1.请简述跳绳文化的起源与发展历程。

2.花式跳绳的基本动作要领有哪些？江津大桥学校跳绳特色课堂是怎样建设的？

3.你会跳绳吗？你觉得花式跳绳难度大吗？如果难度大你还会继续参与实践吗，为什么？

本章节照片和资料由江津区大桥学校和詹光兵老师提供

跳绳快板词

第十一章 “龙腾云山 志在天下”:板凳龙民族传统体育特色课程资源开发与实践

第一节 板凳龙民族传统体育项目的起源与发展

一、北泉板凳龙民族传统体育项目的起源

北泉板凳龙舞起源于19世纪80年代缙云山下的澄江镇北泉村,2007年被列为市级非物质文化遗产,是一个来源于民间的艺术活动。北泉板凳龙最初源于《虾子龙》中的“细娃要板凳”,即孩童用板凳模拟“龙”的各种形态,借物抒情:一条四脚板凳,三小儿操之,口念锣鼓经,凌空腾跃,在田间院坝凌空翻腾,首尾可做任意变化。原始形态的板凳龙毫无装饰,一条四脚长板凳,三人操之,两人玩龙头,一人玩龙尾,伴着鼓点,以“套翻身”“两边侧”两个简单动作,在田间院坝腾跃翻舞,是一种村民们茶余饭后、自娱自乐的院坝娱乐文化。

二、北泉板凳龙民族传统体育项目的发展

北泉板凳龙,似龙非龙,用红绸缠裹木板凳,头系一朵大红花,具有写意象形的质朴特征。中华人民共和国成立后,板凳龙经历了两次大规模的整理改编。一次是当时位于缙云山下的大学生下乡劳动,搜集到了这种素材,并将其以歌舞的形式搬上舞台,从那时开始,北泉村的农民们也组织了板凳龙队伍,在村镇进行表演(图11-1)。第二次是1959年由北碚文化馆的群文辅导干部周传勋改编的,原本周传勋到村里是搜集当地流传的采茶舞,一个偶然的机会,他见识了当地孩童们随意舞起的如蛟龙一般的板凳,便将其整理改编搬上舞台。

图11-1　20世纪五六十年代，北泉村村民在农闲时节耍板凳龙

经过几代人的挖掘、整理、加工，北泉板凳龙有了很大发展。随着音乐色彩的丰富，吸引了更多的板凳龙舞者，丰富完善其舞蹈语汇，而且突破性地把“人”的角色戏剧化，借鉴戏曲的写意特征，增添灵活诙谐的逗宝人，同时演化出三十几个“人龙相嬉”的套路和队形，分则一根板凳一小龙，合则数根板凳一大龙，热烈壮观，将北泉板凳龙的娱乐性表现得淋漓尽致。动作上则增加大小板凳花、踏龙背、上天梯、龙缠身、群龙抢宝等数十个花头套路，逗宝人也有滚宝、抛宝、亮宝、藏宝、舞宝、盘磨腿藏宝、穿龙腹、鱼跃抢宝、踏龙背、骑龙、引龙等十几个动作，并形成了玩龙人的翻、摆、缠、游、跃、闹、穿、窜、盘和逗宝人的亮、抛、藏、举、托、骑、踩、引、钻等舞蹈语汇。板凳龙在长时间的传演中，形成了村落文化需求的习俗性、家庭成员文化的自娱性、简便易学的可参与性、任意表现的随意性、广泛参与的大众性等特征；多次参加区、市赛演获奖，而且还上了中央电视节目向全国展播。保护北泉板凳龙，对传承、发展龙舞艺术，丰富中华龙文化具有极其重要的意义。

板凳龙背景介绍　北泉板凳龙传承谱系

第二节 板凳龙的服饰、道具和基本动作

一、板凳龙的服饰、道具和执法

(一)舞宝人

头缠白布帕,穿中式对襟彩衣裤,束红色绸腰带,脚穿黑色圆口布鞋(图11-2)。

(1)男舞龙人。舞龙人头缠白布,穿金黄色中式襟衣、裤,束红色腰带,脚穿黑色圆口布鞋。

(2)女舞龙人。舞龙人梳双发,穿粉金黄色中式大襟衣、彩裤,束红色腰带。

图11-2 舞宝人

(二)板凳龙的道具和执法

1.龙宝

用竹篾扎直径约9 cm小圈22个,并按上7个、下7个、中8个有规律地排列小圈,绑扎成1个龙宝的骨架,外用红布条和金铂纸相间缠绕装饰竹篾圈,每圈扎坠约13 cm长的红布条穗。龙宝内系小铜铃,3~5个为宜(图11-3)。

2.北泉板凳龙

用杉木料制成,长95 cm,宽12 cm,高30 cm。将一段红绸扎花作为龙头固定在一条板凳的一端,又用另一段红绸铺在板凳面上,并于板凳的另一端拖至地面做龙尾(图11-4)。

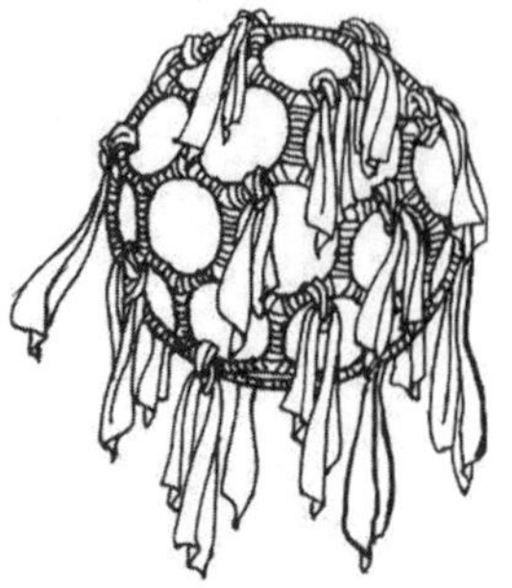

图11-3　龙宝

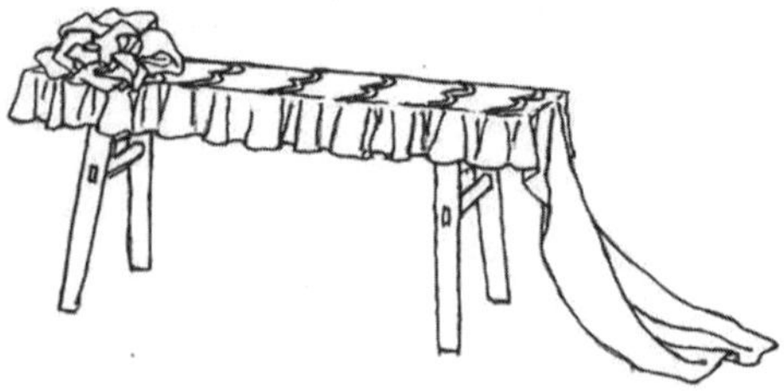

图11-4　北泉板凳龙

3.龙宝的执法

龙宝的执法分为单手执法和双手执法两种(图11-5、图11-6)。

4.北泉板凳龙的执法

执龙头者2人,左边1人简称“1号”,以右手握左边1条凳脚;右边1人简称“2号”,以左手握右边1条凳脚。执龙尾者,简称“3号”,双手各执长凳尾部1条凳脚(图11-7)。

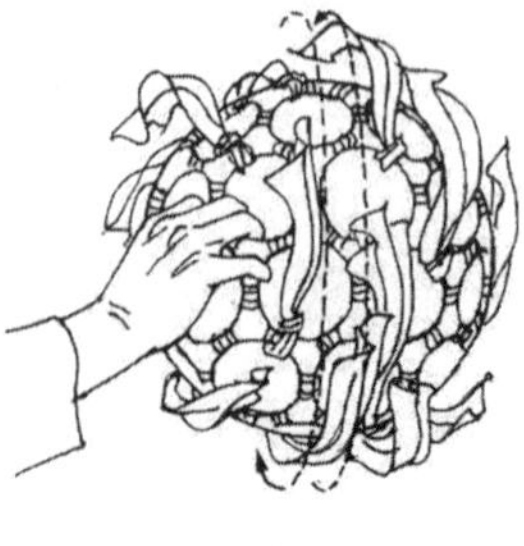

图11-5　单手执龙宝

图11-6　双手执龙宝

图11-7　北泉板凳龙的执法

二、板凳龙的基本动作

板凳龙技能教学

(一)基本步法

(1)跳搓步。左右脚交替做“搓步”跳跃行进。

(2)起伏布。由“矮桩步”逐渐直膝至半脚尖行走，再由半脚尖、落脚跟逐渐下蹲至“矮桩步”行走。

(3)后弓步。左脚往左后撤一大步，屈膝为重心，右腿随之伸直，称“左后弓步”。对称动作为“右后弓步”。

(4)后弓辗转步。以左脚掌为轴心，右腿伸直，脚掌点地，原地往左辗转1圈，称“左后弓辗转步”。对称动作为“右后弓辗转步”。

(5)走步移位转。往同一方向行走。

(二)舞宝者的基本动作

舞宝者的基本动作在整套舞龙动作中至关重要，这里以“舞把宝”的动作为例分为11个基本动作。

(1)抖宝。右“单手执宝”，臂部带动手腕着力，微抖动龙宝。

(2)摇宝。右“单手执宝”，臂部带动手腕着力，原位向左、右转动龙宝。

(3)地滚宝。右“单手执宝”，将龙宝向前擦地抛出，使之从地面滚过

(4)内转宝。“双手执宝”，以手腕、手指着力推动龙宝不断向内转动(图11-8)。

(5)抛宝。“双手执宝”将龙宝抛向空中，落下时双手接住。

(6)侧身绕立圈。右“单手执宝”于身体两侧绕竖圈。

(7)“八字花”逗龙。右“单手执宝”做“绕八字花”。

(8)抖宝引龙。右“单手执宝”走“花梆步”往左侧横移，同时双手于“山膀”位“抖宝”(图11-9)。

图11-8　内转宝

图11-9　抖宝引龙

(9)摇宝引龙。脚做左“后弓辗转步”,同时双手扬掌,随即右手向右前平伸,于腰前做“摇宝”引龙,左手于“斜托掌”位,眼视龙,上身稍前俯(图11-10)。

(10)逗宝引龙。准备:左单脚跪地。做法:身左倾,左臂伸直,手掌撑地,随之右腿勾脚旁抬,右单手执宝于托掌位(图11-11)。

(11)藏宝。站右“旁弓步”,体稍右后倾,做左“托掌”同时右“单手执宝”背于腰后(图11-12)。

图11-10　摇宝引龙

图11-11　逗宝引龙

图11-12　藏宝

(三)舞龙的基本动作

1.基本站姿

手“单双握把”站成“八字步”。执龙头高于龙尾,称“高低势”;执龙头低于龙尾,称“低高势”(图11-13)。

2. **套龙头**

舞龙人3人同时“右倒把”，凳面朝右从2号头顶盖过，同时2号往左后退步，称右“套龙头”。对称动作为左“套龙头”(图11-14)。

图11-13 舞龙站姿

图11-14 套龙头

3. **侧绕立圆**

做右“套龙头”，3人侧势呈“倒握把”。1，2号往左后退步，同时执把由前往后做“侧绕立圆”后半圈，3号随之推进。1，2号执把再由后经上往前继续做“侧绕立圆”后半圈，3号随之从1，2号间钻过，再沿弧线推上，称“顺侧绕立圆”。对称动作为“逆侧绕立圆”(图11-15)。

4. **龙尾转**

“站姿”，3号走“矮桩步”，往左后转身，呈双臂交叉执龙尾巴，称“龙尾左转”。对称动作为“龙尾右转”(图11-16)。

图11-15 侧绕立圆

图11-16 龙尾转

5.套翻身

舞龙人做右“套龙头”,接“顺侧绕立圆”,再接“龙尾左转”,然后再做对称动作“龙尾右转”(图11-17)。

6.小板凳花

舞龙人做右“套龙头”接“顺侧绕立圆”半圈,成1号左“踏步”左“托掌”,2号右“踏步半蹲”,右“按掌”,同时3号右“踏步全蹲”,亮相。然后再做对称动作1次(图11-18)。

图11-17 套翻身

图11-18 小板凳花

7.大板凳花

舞龙人做“顺侧绕立圆”接“龙尾左转”后呈“低高势”,1号左“踏步”左“托掌”,2号做对称动作,3号站右“旁弓步”,右手“斜托掌”(图11-19)。

8.摆龙

舞龙人碎步往前行进间,3人执把由上往右侧倒把称右“摆龙”,再由右经上往左侧倒把称左“摆龙”。

9.跳板凳

舞龙人做右“摆龙”至凳面朝下时,2号顺势从板凳龙上跳过(图11-20)。

图11-19 大板凳花

图11-20 跳板凳

(四)宝、龙组合动作

1.逗龙磨盘转

舞宝人于左“磨盘转引龙”,龙呈低高势“走”圆场“追宝绕行”(图11-21)。

图11-21 逗龙磨盘转

2.起伏大游龙

舞宝人于右“托掌”,“抖宝”领龙走“起伏步”,按规定路线行走,形如波浪式向前游动(图11-22)。

3.踏龙背

舞龙人将板凳扛于肩上,使3条板凳龙连接成1条大龙,前高后低逐一下蹲,形成一大斜排,逗宝人从长板凳尾部最低处登上“龙背”,走至第1根板凳龙头上最高处做左“前吸腿”,左手叉腰、右手在“托掌”位“抖宝”亮相(图11-23)。

图11-22 起伏大游龙

图11-23 踏龙背

4.上天梯

准备:每2人横扛1条板凳,6人站3级梯形(前高后低)。

做法:逗宝人由后面最底层的板凳逐一登上最高层做左“前吸腿”,同时“左手提襟”,右手在“托掌”位举宝亮相。

第三节　板凳龙特色课程实施

——以澄江小学为例

一、板凳龙校本课程的指导思想

该课以“健康第一”为指导思想，以“学生发展，强身育人”为教育标准，以“我参与我快乐”为宗旨，依据《义务教育体育与健康课程标准(2011年版)》的基本理论，以自主学练为主要方式，以主体参与为策略，根据学生的身心特点，给学生抛出一个问题，让他们主动去思考；给学生一个空间，让他们积极去施展；给学生一个目标，让他们努力去追求。教师通过各种教学方法和手段来激发学生学习兴趣，使学生参与练习。在教学中，课程充分体现“学生为主体，教师为主导”的理念，以小组练习为主要方式。建立和谐的师生关系、生生关系，增强小组团队合作能力。把教学理念转化为行动，促进学生积极、健康、主动发展。

二、板凳龙校本教材分析

“板凳龙”是北泉村村民在闲暇时玩长板凳而产生的一种民间艺术，它能发展学生的力量、柔韧、协调、灵敏、节奏等身体素质，以及一般耐力水平。板凳龙的基本动作都要手脚协调配合，本单元的“游龙、钻板凳、大花、小花”在教学过程中通过学生的感知探究和合作学习，就能很好地提高学生的躯干和四肢的协调配合能力。

“游龙、钻板凳、大花、小花”的动作有直接的联系，“游龙”是基础，培养学生的节奏感和跳跃的步伐，“钻板凳”的动作是学习“大花、小花”的基础。板凳龙是三人玩一根板凳，这就要求学生在教学活动中必须合作学习、互助学习，才能达到共同的目标。

三、板凳龙校本课程教学目标

通过本单元的教学，使学生基本掌握板凳龙的“游龙、钻板凳、大花、小花”的动作方法，学会单个动作后会创编一些简单的动作组合。弘扬和传承北泉板凳龙民间艺术，使学生对板凳龙有强烈的练习和表演热情，使板凳龙成为澄江小学的一道办学特色。

学生通过对板凳龙的学习与练习，发展力量、柔韧、协调、灵敏、节奏等身体素质，以及一般耐力水平，培养爱祖国、爱家乡的优良品质，团结、协作的合作精神，勇于挑战的优良作风。

澄江小学板凳龙校本课程教学计划

四、澄江小学板凳龙工作室计划

（一）工作室核心理念

板凳龙特岗工作室将核心理念定位于“三带一促两提升”，培养和打造区域内能担当板凳龙教育重任的教师，提升教师整体素质，提升学校的核心竞争力。“三带”理念是以北碚区澄江镇小学校为轴心，联结高校的导师团队、专业团队带动特岗工作室主持人，特岗工作室带动学员，学员带动学校其他人员的方式，着力打造能够担当板凳龙教育教学，板凳龙文化研究，特色学校建设的领军式教师队伍。以校带室、以室带人、以人带人，建立多层次互动的网络体系。

“一促”就是促进板凳龙文化的传承和发展，使板凳龙在中小学生中得到广泛的、高质量的开展，让板凳龙文化在孩子们幼小的心灵里得到传承和发展，板凳龙特色学校发展思路在2~3所学校得到运用与检验。

“两提升”理念，即提升学校的核心竞争力，提升教师素质，实现教育的可持续发展。板凳龙工作室以提升学校教育的核心竞争力为着眼点，在提升体育教师的可持续发展力的基点上，全力打造学校的特色办学，走内涵式发展道路，提升参研学校的核心竞争力。力求实现促进农村教师的全面充分发展和持续发展，提高教师整体素质，学校办出特色、办出水平，出名师，育英才，加快缩小教育差距。

(二)工作室目标

学校提出的精神是“龙腾云山,志在天下”,目的是将“板凳龙”的文化和舞龙形式作为校园文化、校园环境、各学科课程开发、学校活动的融合内容,传承和发扬光大民间文化,把板凳龙的精神作为师生为人、学习、生活的人文准则。

澄江小学将板凳龙特色项目与学校发展相结合,取得了不俗的成绩:自己设计制作了龙文化系列标识,开发了板凳龙校本课程,多次参加演出、汇报,2010年被命名为特色学校。良好的基础为板凳龙工作室的开展提供了最有力的支撑,出更多更好的成果,将板凳龙文化遗产发扬光大,进行特色项目建设与学校特色发展结合的探索,是板凳龙工作室义不容辞的责任。板凳龙特岗工作室确定了自己的奋斗目标:发扬、传承板凳龙文化,建设一批农村特殊学校,培养一批特色学科教师。

(三)发扬、传承板凳龙文化,打造板凳龙“四精”工程

第一,精品课程。第一年,整理板凳龙文化在学校中的运用与发展,编制《板凳龙校本教材》《板凳龙教案集》《澄江小学立志教材》初稿。再力争通过两到三年努力,使板凳龙课程成为精品课程。深挖板凳龙文化的内涵、表演的方式,还可积极探索在板凳龙课程中植入一些新的元素,使板凳龙在与其他教育的交融中得到发展,使该课程成为精品课程,北泉板凳龙成为重庆知名特色项目。在第三年,出一本关于板凳龙特色研究的专著,或者一批关于板凳龙研究的论文,并力争推广。

第二,精品表演(图11-24)。千人舞龙的气势使板凳龙不再是田间地头的小把戏,而是具有恢宏气势,登上大雅之堂的精品表演。

图11-24 澄江小学板凳龙舞台精品表演

第三,精品学校。辐射、带动周边中小学。北泉板凳龙在澄江小学实践中与办学理念的结合已经取得了相当可喜的成绩,工作室将在学校领导下联系两所学校,探讨文化遗产怎样与学校的特色办学有机地融合,借特色项目的开展促进学校的特

色发展。全力协助联系学校的管理工作、师资培养，提升学校的教育教学质量，提升学生的综合素质，促进农村学校内涵式发展。力争使澄江小学成为精品学校，成为一所有文化底蕴的、有共同的文化追求的学校，带动一所学校成为精品学校。

第四，精品学生。学生的立志教育是经久不衰的话题。板凳龙文化应该成为教育的引子，引领着孩子们乐于做龙的传人，立龙之志，长龙之翼，发龙之奋，扬龙之力，真正继承和发扬龙的精神。得山之灵，水之韵，强健体魄，加强品德修养，从小立下远大志向，学会做人做事，学习能力、实践能力、创新能力齐头并进，成为山灵水韵的孩子，成为德智体美劳全面发展的社会主义建设者和接班人。

(四)建设一批农村特色学校

第一，发现农村特色体育教师。在两到三所学校内寻找有志于板凳龙文化研究的管理者，有志于从事板凳龙教学或者其他特色教学的教师，组成研究队伍，分别成立板凳龙文化研究队伍，致力于板凳龙文化研究，深挖板凳龙文化内涵，最终追求是对特色课程与特色学校建设进行研究。

第二，激活农村教师的教育激情。板凳龙特色课程的建设在澄江小学特色学校的建设历程中，已经颇显成效。特色课程开展给学校带来的发展机遇，激发从事研究的农村教师的教育激情，让更多的人看到板凳龙活动开展带来的魅力，给农村的孩子带来更多的吸引力，影响更多的学生成长。

第三，挖掘特色教育故事。文化的传承与发展总与一个个鲜活的故事不可分离，尤其是民间文化的传承与发展。一代代传人将板凳龙发扬光大。要挖掘板凳龙的教育故事，塑造板凳龙人物，澄小小学教育人物。在现实的教学与生活中去挖掘感动大家的故事与人，让身边的形象闪光，用身边的人物影响身边的人。

第四，打造农村学校特色发展模式。打造农村学校特色发展模式，即通过板凳龙特色课程建设提炼农村特色学校建设模式。

第五，培养一批特色学科教师。为特岗工作室主持人搭建提升空间、进行整体规划和专业设计，引导其内涵式发展，使之成为板凳龙教育的知名人物，成为北碚区、重庆市的农村特岗教师(图11-25)。使工作室成为传承和发展板凳龙民间文化的优秀团队，成为引领中小学板凳龙教学的核心团队。

图11-25　澄江小学体育教师赖志刚指导学生练习舞龙技术

五、澄江小学板凳龙的对外交流与合作

澄江小学板凳龙表演队参加2017年全国体育联盟大会，于2018参加重庆市乡村少年宫节目展演，在央视国际频道拍摄纪录片，并接待美国密歇根州立大学博士一行20余人参观交流。

思考题

1. 怎样更加有效地传承北泉板凳龙?
2. 采用哪些方法可以让大家全面了解板凳龙的故事?
3. 中华民族传统文化的传承是否会得到重视? 未来会有怎么样的发展趋势?

本章节照片和资料由北碚区澄江小学校提供

第十二章 “民族韵律 爱我中华”：韵律操舞民族传统体育特色课程资源开发与实践

第一节 民族韵律操舞的起源与发展

一、民族韵律操舞的起源

（一）傣族韵律操舞的起源

傣族是一个全民信仰南传上座部佛教的民族，故佛教对其社会、经济和文化产生了深刻的影响。傣族是一个爱水的民族，水是傣族人们时时唱响的主旋律。傣族传统体育具有的柔美、细腻、传情、祥和、修身养性等文化异质性，是傣族文化圈内独特自然环境因素与人文环境因素结合的结果，它以观赏与身心娱乐见长，这在云南可谓独树一帜。傣族人喜爱孔雀与大象，傣族喜好的孔雀舞、象脚鼓舞、丢包、赛龙舟、放高升、堆沙等体育活动普遍具有动作节奏感强、表现方式轻柔、讲究防守和注重传达人物情感等特点。云南师范大学附属小学（以下简称“师大附小”）傣族少儿韵律操舞从孔雀舞、象脚鼓舞等具有傣族特色的舞蹈中精选一些代表性动作，突出傣族舞蹈中的“三道弯”，即胯、腰、肩向相反方向扭、斜、偏的典雅优美舞姿；用现代健身操的理念进行加工、改编，创造性地编排出了师大附小婀娜多姿的少儿傣族韵律操舞。

（二）佤族韵律操舞简介

佤族是一个勤劳、勇敢、聪慧、豪爽、能歌善舞的少数民族，以勇敢顽强、粗犷豪放著称，风格朴实粗犷，动作刚劲有力，而且攻击性强，强调身体接触和对抗，是力量与搏杀的炫耀。佤族具有极其丰富多彩的舞蹈文化资源，其舞风不但古朴粗犷，刚健豪爽，而且热情奔放，韧性悠长。“木鼓舞”与“甩发舞”就成为佤族舞蹈中激越、豪放、粗犷、具有民族意识的代表，能显示佤族男子的浑厚豪迈和女子的温柔，是佤族舞蹈中展现民族意志的“舞之灵”。师大附小佤族少儿韵律操舞以《阿佤人民唱新歌》《木鼓舞》《剽牛舞》《舂新米》《甩发舞》等舞蹈中的“甩手走步”“但跺脚”“两步一踏”和本地民族独有的甩发舞中的“甩发绕肩”“胸部含展”“跨步扭动”等动作元素，用现代操舞理念进行加工整理，创造性地编排出了舞步整齐有力，粗犷奔放，气势磅礴，震天动地，撼人心魄的佤族少儿韵律操舞。

二、民族韵律操舞的发展

师大附小是有着80多年历史的中华名校，在完成好国家课程、地方课程的同时，深度挖掘校本资源和优势，开发了少儿民族韵律操舞。为实现“小场地、大课间”的美好愿景，结合云南少数民族的特点，2000年由师大附小体育教研室的老师群策群力、聘请专家指导共同创作和编排“云南师大附小少儿民族韵律操舞”的动作、音乐、服饰，包含了彝族、哈尼族、白族、景颇族、傣族、佤族六套操舞动作。这六个民族是云南省人数较多的少数民族。

师大附小地处少数民族聚居的边疆地区，传承西南联合大学重视体育运动的优良传统。20年来师大附小少儿民族韵律操舞是学校对外展示学校体育工作、学生精神面貌和学校德育工作、云南少数民族特色的重要窗口。由美术教师设计的民族校服，民族特点鲜明，选取较典型的民族图案、色彩等元素，具有彝族、哈尼族、白族、景颇族、傣族、佤族这六个少数民族服饰特性。结合学生着装的要求，力求体现现代、活泼、适宜运动等学生服装特点，展示师大附小立足于云南少数民族文化与时代相结合，展示多元文化融合的特色。

这一系列地方特色的挖掘和校本资源整合，无不向学生们传达着“爱我家乡、爱我中华、五十六个民族一家人”的教育元素，寓教于乐，锻炼身体，促进身心健康。这体现了国家体育课程与民族传统体育课程相结合，传统体育与现代体育相结合，学校体育与家庭体育相结合。

第二节　少儿民族韵律操舞

一、傣族韵律操舞

（一）傣族韵律操舞服饰

图 12-1　傣族韵律操舞服饰

傣族生活的地方，都是热带、亚热带地区，那里气候温热、山林茂密、物产丰富。傣族服饰也充分体现了这些地理特点，淡雅美观，既讲究实用，又有很强的装饰意味，颇能体现出热爱生活，崇尚中和之美的民族个性。男子老幼皆着对襟或右衽长袖衣下系大裆长裤，面料素面无纹饰。女子上衣分内、外衣，内衣为紧身宽领无袖吊带式对襟衣，外衣为无纽系带式交襟长袖衣，或圆领袖右衽紧身衣，下装老幼皆着长筒裙。师大附小傣族少儿民族韵律操舞以傣族服装为原型，设计出了女生为背心式外衣，褶裙；男生为短袖式外衣，灯芯绒裤的具有傣族特色的少儿民族服饰（图 12-1）。

（二）傣族韵律操舞乐谱

傣族音乐有独特的民族风格，包括民间歌曲、歌舞音乐、说唱音乐、戏曲音乐 4 类。师大附小傣族少儿民族韵律操舞音乐从傣族舞蹈音乐《孔雀舞》《小卜哨》《追鱼》《送粮路上》以及歌曲《有一个美丽的地方》《西双版纳，我的家乡》等民族音乐中选取一些有代表性的片段，加入现代健身操音乐的节拍，创作出了优美动听的师大附小傣族少儿民族健身操的音乐。

(三)傣族韵律操舞动作要领

1.第一节

第一个八拍:1–2拍双手胸前合掌,小腿左脚后折呈90°,落地双脚屈膝,头前点。3–4拍双手胸前合掌,小腿右脚后折呈90°,落地双脚屈膝,头后仰。5–6拍手脚同1–2拍,头向左偏。7–8拍手脚同3–4拍,头向右偏(图12–2)。

傣族韵律操舞乐谱

第二、三、四个八拍同第一个八拍动作。

1拍　2拍　3–4拍　5–6拍　7–8拍

图12–2　傣族韵律操舞第一节

2.第二节

第一个八拍:1–2拍两手握拳拇指立起,经侧向两侧外翻,拳心在上,拇指指向身体两侧,左脚后折90°,落地双脚屈膝。3拍两手经两侧至头顶,拳变掌,手背靠拢(四指并拢拇指分开,拇指立于掌心中间),掌心向外,抬头眼睛望向手背,右脚后折90°,落地双脚屈膝。4拍还原呈直立姿势。5–6拍同1–2拍;7–8拍同3–4拍动作(图12–3)。

第二、三、四个拍同第一个八拍动作。

1拍　2拍　3拍　4拍

图12–3　傣族韵律操舞第二节

3. **第三节**

第一个八拍：1拍手半握拳，拇指分开立，双手经前向身体两侧外展，左脚左跨一步呈微屈；2拍同1拍动作，双脚直立；3–4拍双手经侧至胸前交叉立掌(左前右后)，右脚经前交叉，双脚膝盖微屈；5–6拍同1–2拍动作；7–8拍左手经侧至肩上呈三道弯，抬头看手，右手经侧至右髋部，掌心向下，右脚后撤一步屈膝，左脚尖地点(图12–4)。

第三、五、七个八拍同第一个八拍动作。

第二、四、六、八个八拍同第一个八拍的动作方向相反。

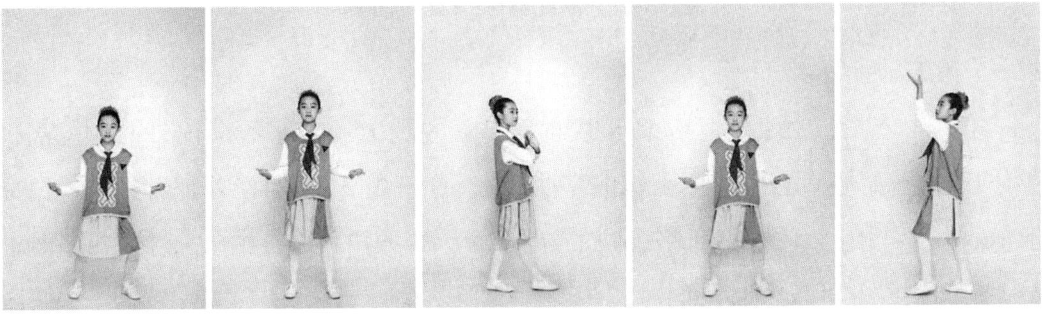

1拍　　2拍　　3–4拍　　5–6拍　　7–8拍

图12–4　**傣族韵律操舞第三节**

4. **第四节**

第一个八拍：1–4拍双手经侧向左前下方提送至45°呈直臂，左脚提送至左前下方45°，呈直腿(双手四指并拢，拇指立于掌心)，5–8拍同1–4拍，动作相同，方向相反。

第二个八拍：1–2拍，左手经侧至侧平举，掌心向下，看前方，右手经侧至上举，掌心向外，手臂贴耳朵，左脚向左侧呈侧点地，膝盖微屈。3–4拍还原成直立。5–6拍同1–2拍，动作相同，方向相反。7–8拍同3–4拍(还原直立)。

第三、四个八拍同第一、二个八拍动作(图12–5)。

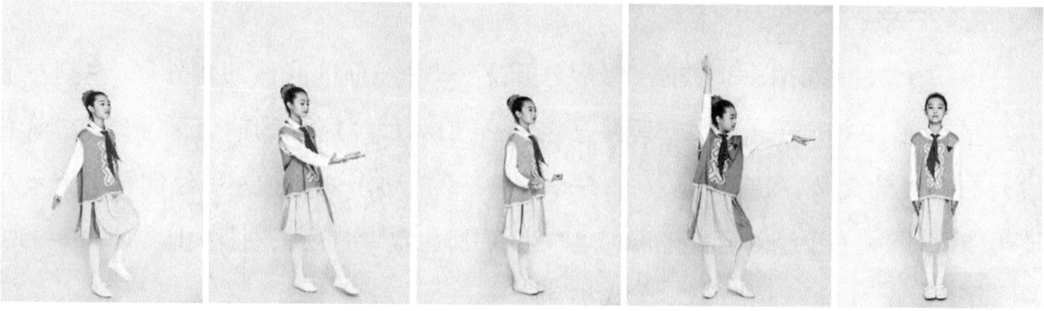

1拍　　2拍　　3-4拍　　1-2拍　　3-4拍

图12-5　傣族韵律操舞第四节

5.第五节

第一个八拍:1-2拍左手经侧至腹前穿掌至左前方45°,掌心向前,四指并拢,拇指分开,立于掌心。右手经侧至腹前弯曲,掌心对于侧下方,四指并拢,拇指分开,立于掌心。3-4拍同1-2拍,动作相同,方向相反。5-6拍同1-2拍,7-8拍右手相同,左手指向正左侧,掌心向外,同时转头看手(图12-6)。

脚:1-8拍,两拍一动,左脚先向后踢。

第二个八拍同第一个八拍,动作相同,方向相反。

第三、四个八拍同第一、二个八拍动作。

1拍　　2拍　　3拍　　4拍

图12-6　傣族韵律操舞第五节

6.第六节

第一个八拍:1-2两手握拳,拇指外指,于体侧外翻,同时并脚屈膝。3-4拍左手经侧至上举，掌心向外，右手经侧至前下方，同时左脚前抬，右手手臂贴于左脚小腿内侧；5-6拍同1-2拍动作，7-8拍同3-4拍，动作相同，方向相反(图12-7)。

第二、三、四个八拍同第一个八拍动作。

1-2拍　3-4拍　5-6拍　7-8拍

图12-7　傣族韵律操舞第六节

7.第七节

第一个八拍：1-2拍点左脚前进，两手经前至左侧向外翻掌(手左高右低)，左脚前点地。3-4拍点右脚前进，两手经前至右侧向外翻掌(手右高左低)，右脚前点地。5-6拍同1-2拍动作，7-8拍同3-4拍动作。

第二个八拍：1-2拍低头俯身后撤，同时右手摸向左脚背，左手顺势抬高。3-4拍同1-2拍，动作、方向相反。5-6拍同1-2拍动作，7-8拍同3-4拍动作。

第三、四个八拍同第一、二个八拍动作(图12-8)。

1-2拍　3-4拍　1-2拍　3-4拍

图12-8　傣族韵律操舞第七节

8.第八节

第一个八拍:1-4拍双手平屈于胸前,左高右低,掌心向下,四指并拢,拇指分开,拇指食指回扣,双手一拍一动,左右手上下交替,同时左右脚交替前点地。5-8拍左手顺势抬高呈三道弯,左右脚交替后折。

第二、三、四个八拍同第一个八拍动作(图12-9)。

1-2拍　　3-4拍　　5拍　　6拍　　6拍侧面图

图12-9　傣族韵律操舞第八节

9.第九节

第一个八拍:1-2拍双手从体侧经前至上呈三道弯,右高左低,同时左脚点地。3-4拍双手从体侧经前至上呈三道弯,左高右低,同时右脚点地。5-8拍同1-4拍动作。

第二个八拍同第一个八拍动作。

第三个八拍男女生互换位置,女生向左,男生向右。

第四个八拍同第一个八拍动作(图12-10)。

1-2拍　　3-4拍　　3-4拍侧面图

图12-10　傣族韵律操舞第九节

二、佤族韵律操舞

（一）佤族韵律操舞服饰

佤族崇拜红色和黑色，服饰多数以黑为质，以红为饰，保留着古老的山地民族的特色。女子上衣着无领对襟短衣，裙子一般为黑色或彩色条纹裙，小腿裹护腿布，腰间系野藤篾自制的腰箍圈。佤族男子穿无领对襟短衣和青布肥大短裤，布帕缠头戴大耳环，下着绑腿草鞋或跣足，青年男子常以佩戴竹藤圈为饰。师大附小佤族少儿民族服饰以佤族服装为原型，用现代理念进行加工，设计出了女生为背心式外衣，百褶裙；男生为背心式外衣，灯芯绒裤的佤族少儿民族服饰（图12–11）。

图12–11 佤族韵律操舞服饰

（二）佤族韵律操舞乐谱

佤族音乐中内容十分丰富，有劳动歌、习俗歌、情歌等多种形式，师大附小佤族少儿韵律操舞音乐从“木鼓舞”“臼棒舞”“刀舞” “少儿舞”等具有佤族民族特色的音乐中选取一些音乐素材，用现代理念加工整理，创作出了具有欢快的节奏和强烈的感染力的师大附小佤族少儿韵律操舞音乐。

（三）佤族韵律操舞动作图解

1.第一节

第一个八拍：1–2拍左脚向左侧跨一步，同时两膝屈膝一次，两手握拳体前屈，上下屈伸一次（偏头看手）。

3–4拍右脚并左脚，同时两膝屈伸一次，两手握拳体前屈，上下屈伸一次。

第二个八拍：同第一个八拍动作，但方向相反。

第三、四个八拍同第一、二个八拍动作（图12–12）。

0拍　　1拍　　2拍　　3拍　　4拍

图12-12　佤族韵律操舞第一节

2.第二节

第一个八拍:1-2拍左脚向右前方跨一步,膝关节屈伸一次,四指并拢,拇指分开,掌心向上,头顶上方屈伸一次。3-4拍右脚向左前方跨一步,膝关节屈伸一次,手部动作同1-2拍。5-6拍右脚后退一步,膝关节屈伸一次,手部动作同1-2拍。7-8拍左脚后退一步,双脚并拢,回到原点,膝关节屈伸一次,手部动作同1-2拍。

第二、三、四个八拍同第一个八拍动作(图12-13)。

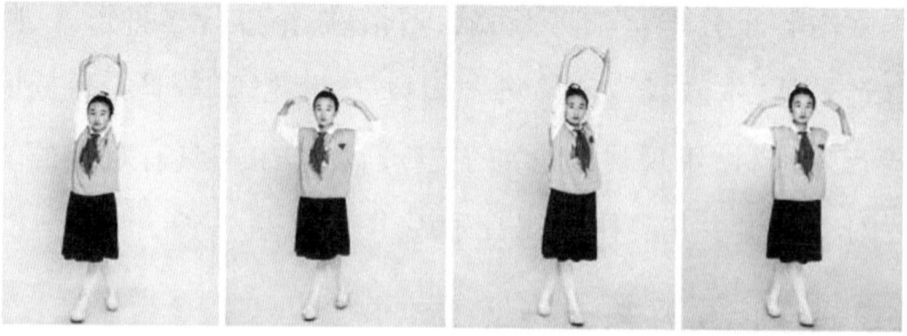

1拍　　2拍　　3拍　　4拍

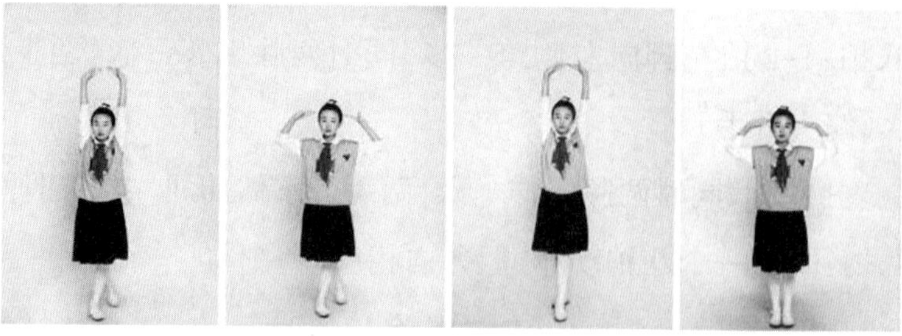

5拍　　6拍　　7拍　　8拍

图12-13　佤族韵律操舞第二节

3. 第三节

第一个八拍：1–2拍抬右脚向左转，右手握拳从体前由内向外摆至体后斜下举。3–4拍右脚抬起并左脚，转体90°右手握拳从体侧由外至内并左手。5–6拍两手握拳，左臂上摆、右臂下摆，振臂一次，膝关节屈伸一次。7–8拍动作同5–6拍。

第二个八拍同第一个八拍，但方向相反。

第三、四个八拍同第一、二个八拍动作（图12–14）。

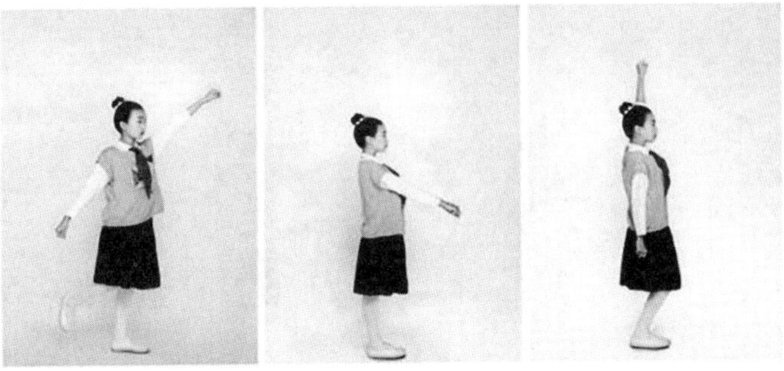

1–2拍 3–4拍 5–6拍

图12–14 佤族韵律操舞第三节

4. 第四节

第一个八拍：1–2拍左脚向左侧跨一步，左手摆至侧平举，右手摆至胸前平屈，掌心向后，眼睛看左手。3–4拍右脚并左脚，经下右手摆至侧平举，左手摆至胸前平屈，掌心向后，眼睛看右手。5–6拍同1–2拍动作。7–8拍右脚脚尖侧点地，左手经体侧呈上举，手臂贴耳，右手触左肩，掌心向内，稍侧身。

第二个八拍同第一个八拍，但方向相反。

第三、四个八拍同第一、二个八拍动作（图12–15）。

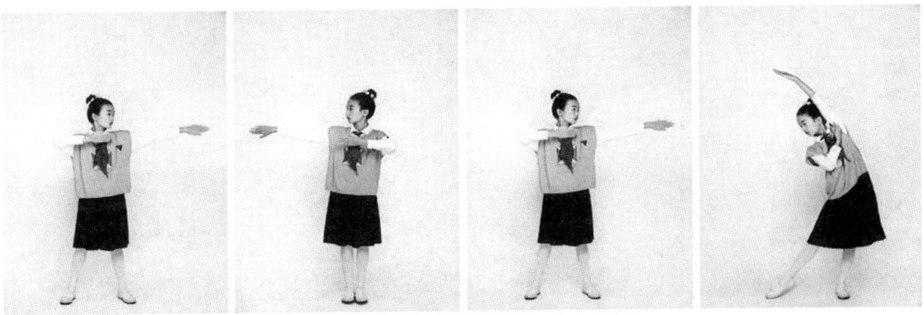

1–2拍 3–4拍 5–6拍 7–8拍

图12–15 佤族韵律操舞第四节

5.第五节

第一个八拍:1-2拍左脚向前迈一步,同时两手斜下举经体前绕至左侧,五指分开,掌心向下。3-4拍右脚并左脚,向上提拉一次,同时膝关节屈伸一次。5-8拍同1-4拍动作,方向相反。

第二个八拍同第一个八拍动作。

第三、四个八拍同第一、二个八拍动作,但脚步动作为后退(图12-16)。

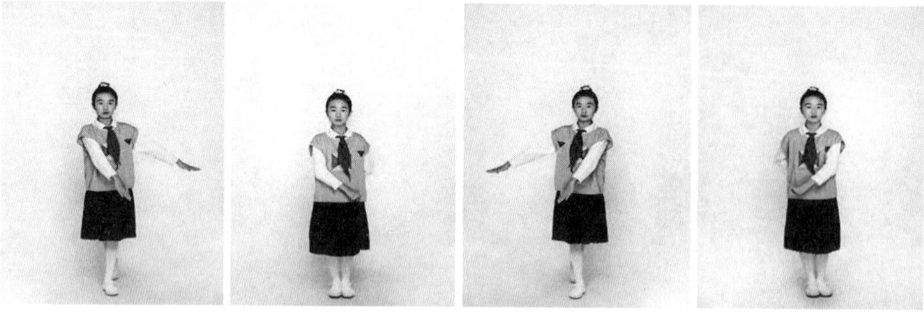

1-2拍　　3-4拍　　5-6拍　　7-8拍

图12-16　佤族韵律操舞第五节

6.第六节

第一个八拍: 1、3、5拍左脚向左侧一步,双手侧平举,掌心向前,五指分开,双臂后振一次。2、4、6拍右脚并左脚,同时膝关节屈伸一次,双手前平举,掌心相对,五指分开。7、8拍右脚向左前方侧踢一次,双手侧平举,五指分开,两臂后振。

第二个八拍同第一个八拍,方向相反。

第三、四个八拍同第一、二个八拍动作(图12-17)。

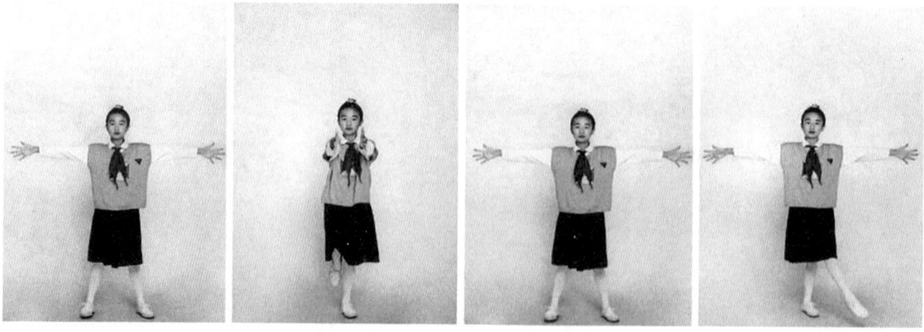

1、3、5拍　　2、4、6拍　　7拍　　8拍

图12-17　佤族韵律操舞第六节

7. 第七节

第一个八拍：1–2拍左脚向左侧跨一步，两手握拳上举，拳心相对。3–4拍右脚并左脚，两臂侧平举，拳心向下。5–6拍左脚向左侧一步，体前屈，两手握拳后摆，拳心向上。7–8拍右脚并左脚，成立正姿势。

第二个八拍同第一个八拍，方向相反。

第三、四个八拍同第一、二个八拍动作（图12–18）。

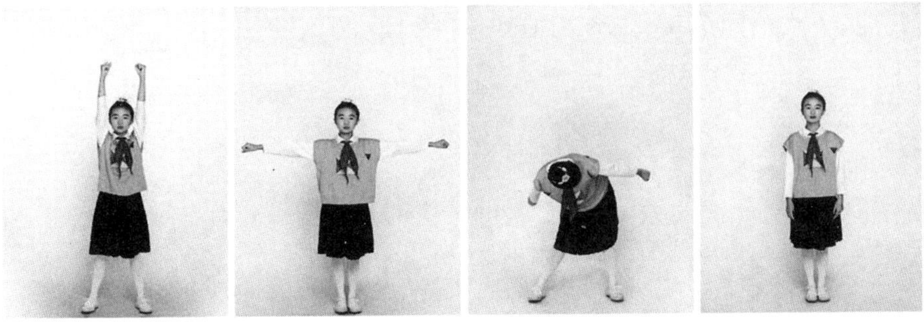

1–2拍　3–4拍　5–6拍　7–8拍

图12–18　佤族韵律操舞第七节

8. 第八节

第一个八拍：1–4拍左脚、右脚后踢腿跑跳，两手五指分开，掌心向前，头顶上方交叉摆动两次。5–8拍双脚并跳四次，同时从右向后跳转身（每次跳转45°），两手握拳于腰间，拳心向上，上、下振动四次。

第二个八拍同第一个八拍，方向相反。

第三、四个八拍同第一、二个八拍动作（图12–19）。

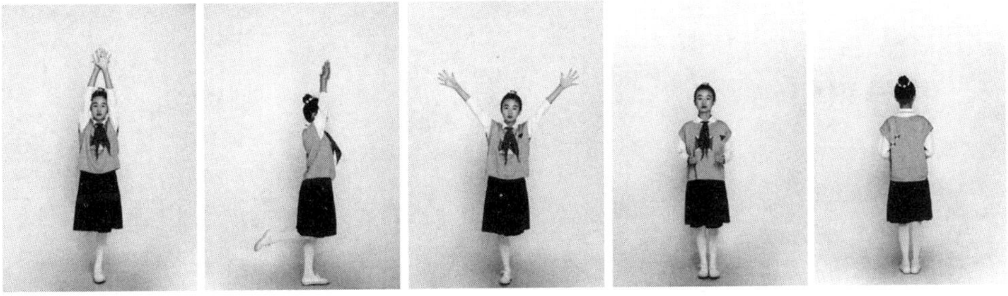

1–2拍　1–2拍侧面图　3–4拍　5–6拍　7–8拍

图12–19　佤族韵律操舞第八节

9.第九节

第一个八拍：1-2拍左脚向左侧跨一步，膝关节屈伸一次，两臂侧平举，掌心向前。3-4拍右脚向左脚前交叉，膝关节屈伸一次，两手胸前交叉，手指触肩，右手在后。5-6拍动作同1-2拍，7-8拍身体稍后仰，右脚尖前点地，两手经体前翻腕呈斜下举，掌心向上。

第二个八拍同第一个八拍，方向相反。

第三、四个八拍同第一、二个八拍动作(图12-20)。

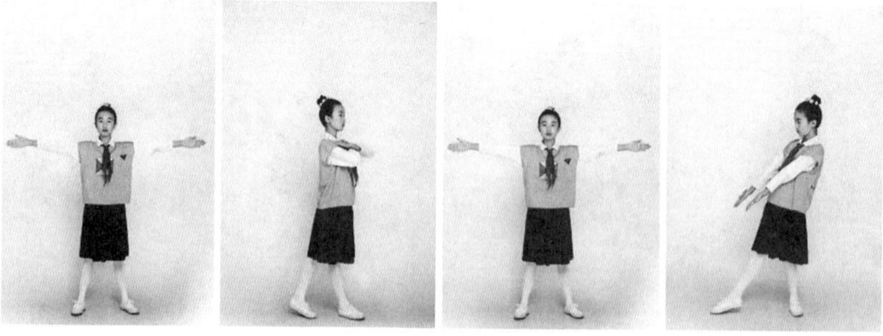

1-2拍　3-4拍　5-6拍　7-8拍

图12-20　佤族韵律操舞第九节

第三节　民族韵律操舞特色课程实施

——以云南师范大学附属小学为例

一、指导思想

学校一直以来致力于体育事业、体育教育、体育活动的发展。以2000年12月国家体育总局颁发的《2001—2010年体育改革与发展纲要》、2002年7月颁发的《中共中央、国务院关于进一步加强和改进新时期体育工作的意见》、2007年5月7日颁发的《中共中央、国务院关于加强青少年体育增强青少年体质的意见》等文件为指导，树立“健康第一”的思想，充分发挥学校的师资优势，科学合理地利用场地、设施，结合学校办学特色，以学生体育锻炼目标为出发点，以促进学生发展为前提，以调动学生兴趣为动力，以着眼学生未来为目标，积极实施校本课程开发。

2000年，学校以课程论为理论指导，以国内大课间开发的研究为基础，紧紧围绕“做受人尊敬和欢迎、对社会有贡献且自己能感受幸福和快乐的人”的附小育人目标，从多角度、多层次挖掘和展示民族传统体育文化丰富的物质形态和精神形态内涵。为体现“小场地、大课间”，创造性地开发出了符合小学生身心发展规律的六套少儿少数民族韵律操舞。

学生以丰富多彩的身体练习为主要手段，通过体验和参与，掌握了一定的运动技能，体验到运动乐趣，领略丰富多彩的少数民族风，弘扬了民族传统体育文化，更促进了身体健康发展。

二、课程目标

本课程是由学校自主开发、自我管理的校本课程，课程目标的设计是以“健康第一，终身体育”为指导思想，充分考虑本课程以身体练习为主要手段的特点，调动学生的积极性和主动性，与附小做人教育的“有爱心”“负责任”“善思考”“有毅力”“能合作”及“心态阳光”等核心素养发展目标相结合，具体设定如下：

(1)通过大课间活动的开展，使全校师生参与其中，增强体质，培养全员积极参加体育锻炼的兴趣。

(2)通过丰富的活动内容，让学生体验体育文化的多样性，感受集体团结协作的重要性，培养学生的责任心和合作精神。

(3)通过每天大课间的体育锻炼时间，促进师生间、学生间的和谐关系，提高学生的竞争意识，培养开朗活泼的阳光心态，营造积极向上的体育氛围，促进学生健康成长。

(4)通过民族韵律操舞及民族游戏活动，让学生了解民族传统体育文化知识，培养学生的多元民族文化素养，弘扬民族传统文化，树立正确的民族观。

三、课程资源建设

（一）课程实施与管理

（1）校本课程领导小组协调教务处、体育教研室制订校本课程实施的规范与要求。

（2）由体育教研室完成校本课程各个内容的教材编写。

（3）校本课程领导小组协调教务处与体育教研室确定校本课程开展的时间安排。

（4）校本课程领导小组协调教务处、体育教研室根据各校区场地情况为各个课程内容的开展合理划分教学场地；提供经费为课程的开展配备所需器材，为课程的开展提供良好的保障。

（5）每年度开展全校性民族韵律操舞比赛活动。

（6）校本课程领导小组带领体育教研室进行评教评学活动。

（7）聘请专家学者对校本课程的教学进行指导和培训，组织教师学习先进的理念，促进教师专业发展。

（二）保障机制

（1）成立以校长为组长的课程实施领导小组。由体育教研室协同教务处、大队部、音乐教研室、班主任共同开展课程。

（2）编写相应的校本教材并在校内推广，辅助教学的开展。

（3）制订针对教师和学生的管理与评价、学期考核、奖励机制，调动全体人员的积极性。

（4）进行教师培训，不断提高教学效率与效果。

（5）加大经费投入，加强校园体育文化和体育设施建设与改造，为校本课程的实施提供必要的条件。

问题思考：

1.傣族和佤族韵律操舞的起源背景是什么？

2.民族韵律操舞的指导思想和课程目标是什么？

本章节照片和资料由云南师范大学附属小学提供

第十三章 “仁爱精进 以球传神”:抛绣球民族传统体育特色课程资源开发与实践

第一节 抛绣球的起源与发展

一、广西壮族抛绣球传统体育项目的起源

广西绣球,又称为“堆绣绣球”(图13-1),广西最早有文献记载的绣球以红、黄、绿三色做底及面料,内包有豆粟、棉花籽或谷物等农作物种子,采用“堆绣”这一古老而复杂的刺绣工艺,绣球大多为12瓣,每瓣皆绣上各式吉祥物,如梅、兰、菊、竹等花卉图案或春燕、龙、凤等,以圆形最为常见,也有椭圆形、方形、菱形等,下两端分别系有彩带和红坠。抛绣球是广西壮族长盛不衰的传统体育项目,拥有广大的群众基础,深受该地区人民的喜爱。其源远流长的历史追溯到2000多年前,在古代绣球是青铜铸造的古兵器——飞砣,主要被用于功利性实践项目(作战和狩猎)。到宋代,军事色彩逐渐淡薄,它成为男女青年表达爱情的方式。清末壮族文人黄敬椿在风土诗中描述:“斜阳门巷破萧条,姐妹相从孰最娇,好把飞球空里掷,迎来送去赏花朝。”随着历史的变迁和社会的进步,飞砣发展成为现在的绣球。

图13-1 广西民族传统体育项目——抛绣球

二、广西壮族"抛绣球"传统体育项目的发展

广西壮族传统体育项目——抛绣球，在历史传承、国家政策扶持、地方高度重视的综合影响下，由传统的民间民俗向多领域延伸发展。自广西壮族自治区成立后，体育工作者对抛接绣球进行挖掘和整理，后来称之为抛绣球。1986年，广西正式设立抛绣球比赛。1989年，广西体委专门培养一批裁判队伍，经过多年整理和总结，制定出抛绣球的规则和裁判方法，把高杆抛绣球定为比赛项目（设男、女单项和团体三个奖项），使抛绣球比赛逐步走向规范化。1991年，第四届全国少数民族传统体育运动会上广西绣球队呈现了这一壮族传统体育项目（图13-2）。2000年，抛绣球进入大学的文化殿堂，民族传统体育课程增设抛绣球，普及抛绣球文化和技术。2002年，广西壮族自治区第十届民运会抛绣球比赛，在原来高杆抛绣球的基础上，增加背篓抛绣球项目（图13-3），增补相关的裁判规则，这一项目成为国家级和省级体育运动的竞技和表演项目。

图13-2　抛绣球传统体育项目比赛

图13-3　背篓抛绣球项目

第二节　抛绣球基础动作要领

一、抛绣球的基础技术

抛绣球比赛时，将绣球抛过9米高的杆上直径为1米的彩环就可得分，因此抛绣

球的准确性显得尤为重要。抛绣球比赛是在无防守、无进攻的情况下进行的,因此要抛过规定的高度,运动员除了具有很好的个人技术之外,还必须具备良好的心理素质和准确的判断力。抛绣球时通过手握提绳转腕,使球获得一定的初速度,速度由慢到快,当达到最快的匀速状态时,手臂大绕一周,顺着球的惯性,根据自身与木杆间的距离、位置,选择合适的出手角度,伸臂,抖腕,送球出手,绣球只有获得合适的速度及角度才能以抛物线的轨迹,顺利准确地穿过所设置的彩环(图13-4)。

图13-4 抛绣球传统体育项目基础技术

二、抛绣球技术要领方法

(一)侧位站立上抛法

动作方法:(以右手为例)侧位站立,左肩对着木杆方向,两脚左右开立约与肩同宽,重心在两脚之间。右手握住绣球的提绳,手腕按逆时针方向做2~3次的绕球预摆动作。绕球时要屈肘、手腕放松、运转柔和,使球速均匀。当球绕到最低点与地面垂直时,身体重心前移,转体面对彩环,同时蹬地,伸臂侧绕到最高点,顺着球的惯性,以合理的角度用力抖腕送指,把球抛出(图13-5)。

动作关键:手腕摆球为逆时针方向摆球,动作要连贯、柔和、匀速;抛球时,移动重心,转体、蹬腿、伸臂、抖腕、送指,让球的运动轨迹成抛物线。

图 13-5　抛绣球侧位站立上抛法

(二)背向抛球法

动作方法:身体背对木杆,两脚左右开立,距离约与肩同宽,让重心落在两脚之间。右手握住绣球的提绳,手腕带球做 2 ~ 3 次“8”字绕环的预摆,当球获得一定的速度后,上体后仰呈反弓形,当球提绕到右侧最高点时,伸臂、抖腕、送指,把球抛出去,两眼注视球的走向,球在空中的走向为大抛物线。

动作关键:右手在身体两侧绕“8”字,出手瞬间,上体后仰呈反弓形,倒头,眼看着球抛出去。

三、抛绣球技术教法

(一)动作教法

首先,教师将完整的动作示范、讲解和看图片、录像等相结合。练习时,两人一组,相距 5 m 进行摆球、对抛、对接练习。

其次,采用对墙瞄准抛球的练习方法。侧位站立,左肩对着墙,在墙上画一个相当于比赛时彩环直径的圆圈或画一个直径更小的圆圈,进行抛球练习。掌握技术动作后再增加难度,背对抛球方向进行背向抛球练习。

(二)常见错误与纠正方法

常见错误:在做动作时,手腕不放松,出球时勾指,球的走向太直。纠正方法:应注意多做手腕绕球练习、原地绕球练习等动作。同时要注意直臂绕球到最高点时的抖腕、送球出手瞬间的用力体会。球抛出去后,人的重心要跟上,不要球出手后人的重心还落在两脚之间,重心要移动到前脚。

四、抛绣球传统体育项目教学比赛的裁判方法与规则

(一)抛绣球传统体育项目比赛的裁判方法

(1)队员。每队运动员10人,由男、女各5人组成,队员上衣必须有明显的号码。

(2)工作人员:工作人员由裁判长1人、裁判员10人、记录员1人组成。裁判长职责:负责检查、核定所有设备,包括裁判员、记录员使用的表格、用具,比赛用的绣球,掌握比赛时间等。裁判员职责:2名裁判员为一组,每组裁判员备好3只同一颜色的绣球。赛前定好自己负责的运动员,并发给一个比赛用球。在比赛时间内,分别登记自己负责的运动员的投球数、命中数和违例数。如果在比赛中绣球出现破裂或挂在架上,裁判员应及时补发一个,以免耽误比赛。记录员职责:事先将比赛队员的名单列好,将每次参加比赛的队员名单列给裁判员。比赛结束时,登记队员的投球数、命中数、违例数,计算出队员的得分数,排列出名次。

(二)抛绣球比赛规则

(1)比赛分团体赛和男、女个人赛。团体赛每队由男、女各5人参加;个人赛每次比赛5人,计个人成绩。

(2)比赛时间:团体赛比赛时间20分钟,分两段进行,每段10分钟,第一段为5名女运动员上场抛绣球,第二段为5名男运动员上场投绣球。

(3)比赛时由裁判长带领比赛的运动员与裁判员认识,由裁判员发给运动员绣球,练球1分钟后,队员分别站在两边的投球区内,待裁判员、运动员做好准备,裁判长鸣笛开始比赛。运动员投圈后飞快捡起自己专用的球反向投圈。中圈一次得1分,如果投球时运动员踩到控制线、越出投球区或错拿别人的球投,一次扣1分。

(4)比赛结束后,按得分多少排列团体(10人得分相加)和个人名次,得分高者

名次列前。如果投球得分相等，再用1分钟时间给相等分数的运动员复赛，投中多者为胜；如果仍相等，再赛1分钟，依次延时，直至决出胜者为止。

图13-6 抛绣球传统体育项目比赛裁判法

第三节 抛绣球特色课程实施

——以北海市外国语实验学校为例

一、抛绣球校本课程的指导思想

抛绣球传统体育特色课程以“健康第一”为指导思想，以“学生发展，强身育人”为教育标准，以“我运动我健康”为宗旨，依据中小学体育与健康课程标准的基本理论，以自主学练为主要方式，以主体参与为策略，根据学生的身心特点，给学生抛出一个问题，让他们主动去思考；给学生一个空间，让他们积极去施展；给学生一个目标，让他们努力去追求。

教师通过各种教学方法和手段来激发学生的学习兴趣，使学生参与练习。在教学中，课程充分体现“以学生为主体，以教师为主导”的理念，以小组学习、练习为主要方式。建立和谐的师生关系、生生关系，增强小组团队合作能力。把教学理念转化为行动，促进学生积极、健康、主动发展。

图 13-7 北海市外国语实验学校抛绣球特色课程实践

二、抛绣球特色课程教材分析

抛绣球是一项群体性项目，是一项集灵敏、力量、速度、智慧和团队精神于一体的极具趣味性、挑战性和娱乐性的运动。它使人们聚集在一起，进行共同的活动，丰富了人们的业余生活，提供了"以球传情、以球传神"的情感交流平台，增进了人与人之间的亲情与友情。抛绣球活动具有简单性、趣味性和参与的广泛性，培养人们的勇敢顽强、积极进取及团队合作的集体主义精神，不仅提高了个体社会化程度，并且能促进民族之间的融合。抛绣球运动，要求运动员有较好的力量素质，准确的判断能力以及较好的灵活性、耐力及柔韧性等。该项运动具有强身健体的功能。

三、抛绣球特色课程教学目标

通过本单元的教学，使学生基本掌握抛绣球的基本动作方法。为了弘扬和传承广西抛绣球民间艺术，使学生对抛绣球有强烈的练习和表演热情，使抛绣球成为北海市外国语实验学校的一道办学特色。

通过对抛绣球的学习与练习，发展学生的力量、柔韧、协调、灵敏、节奏等身体素质，以及一般耐力水平。培养学生爱祖国、爱家乡的优良品质，团结、协作的合作精神，勇于挑战的优良作风。

表 13-1　北海市外国语实验学校抛绣球特色课程教学计划

周次	教学内容	课时	教学目标
一	认识绣球	1	让学生了解抛绣球的民族文化，为弘扬我们中华民族文化奠定基础，认识比赛方法。
二	认识比赛规则		
三	学习抛绣球技术	2	使学生展现两人的协调配合、姿态美、快乐心情、绣球与背篓的完美结合；提高学生的灵敏、协调、柔韧、节奏感等素质，以及对自我姿态的追求。
四			
五	侧位站立上抛法	2	让学生有安全活动的意识；学会侧位站立上抛绣球的方法，提高学生的柔韧、协调、腰和手臂力量。
六			
七	背向抛球法	2	让学生有安全活动的意识；学会侧位背向抛绣球的方法，提高学生的柔韧、协调、腰和手臂力量。
八	复习技术动作	2	让学生养成自主合作学习的习惯；提高学生的团结合作的能力。
九	背篓抛绣球比赛	1	通过背篓抛绣球比赛提高学生的灵敏、协调、柔韧、节奏感等素质，以及彼此之间对美的欣赏能力。
十	高抛绣球比赛	1	通过高抛绣球比赛提高学生的灵敏、协调、柔韧、节奏感等素质，以及彼此之间对美的欣赏能力。
十一	考核	1	能与同学一起展示抛绣球的动作。

四、抛绣球传统体育项目特色课程的展示与对外交流

目前北海外国语实验学校已组建了高抛绣球校代表队，通过抛绣球的游戏休闲与竞技比赛展示，对抛绣球传统体育民间艺术项目进行弘扬和传承。这样，一方面可巩固学生掌握抛绣球的基本动作方法；另一方面，可以更好地拓展与推广北海外国语实验学校抛绣球特色课程的建设。

图13-8　北海市外国语实验学校抛绣球队在北海市第二十三届民族团结运动会中交流展示

思考题：

1. 广西壮族抛绣球传统体育项目的起源与发展是如何进行的？

2. 抛绣球的基础动作、要领方法是什么？

本章节照片和资料由北海市外国语实验学校提供

第十四章 “雄狮舞盛世”：舞狮民族传统体育特色课程资源开发与实践

第一节 舞狮的起源和发展

一、舞狮的起源

舞狮作为我国的优秀民族传统体育项目，是以狮子的造型、动态为蓝本进行再创造的狮子舞蹈，象征“声威远扬，雄镇一方”，以此酬神、娱神，在欢乐声中求得吉祥如意，生活安定。但起源说法不一，据文献记载狮子出自西域诸国，在《后汉书》中有关于最早贡狮的记载：汉章帝章和元年（87年），月氏国献狮；二年（88年）安息国献狮。汉朝以后，历朝都有贡狮的记载。那么舞狮最早文字记载，是在曹魏人孟康的《汉书·礼乐志》中对“象人”的注解：“若今戏虾鱼、狮子者也。”这是目前为止文字资料记载中中国最早出现的狮子舞，即现在的舞狮。

到了唐朝，《太平广记》也记载，王维“及为太乐丞，为伶人舞黄师子，坐出官。黄师子者，非一人不舞也”。说明当时朝廷中有专职机构和官员负责培训和管理狮子舞。唐朝以前狮舞是在朝廷里，到了唐朝已从朝廷走向了民间。经宋、元、明、清等朝代的不断发展和完善，狮子在中国基本定型，包括舞狮的造型、规格和理论等。由于南北风俗的差异，舞狮项目又分为南狮和北狮，北狮在黄河流域和东北地区开展较广，造型狰狞、朴拙，动作豪迈、粗犷，表情愉快，动作细腻，惟妙惟肖。而南狮主要以广东沿海地区为主。南狮也被称为醒狮，分支流派较多，造型威猛，突出百兽之王的形象，动作细腻、灵活，注重神形的演绎。

二、舞狮的发展

随着我国经济的高速发展，舞狮运动也发展迅猛。1995年1月成立了国际龙狮总会。1995年10月成立中国龙狮运动协会，舞龙舞狮开始进入规范化管理和发展，也被世界所接受。2003年7月国内首家由国家体育总局认证的龙狮运动俱乐部在湖南师范大学挂牌。2004年4月中国龙狮运动协会在北京体育大学设立了龙狮运动培训基地，开始市场化运作的尝试。2005年4月中国龙狮运动协会科研中心在上海体育学院挂牌成立，标志着龙狮运动踏上了规范、竞技、科学的多样化发展道路。2006年被确定为第一批国家级非物质文化遗产名录。国际龙狮总会和中国龙狮运动协会成立后，相继出台了遵循龙狮运动发展规律和符合国际体育惯例的国际舞龙、舞狮竞赛规则及裁判法（中英文版）、舞龙、舞狮增设项目竞赛规则和一系列协会章程、赛事活动的管理性文件，使龙狮运动有章可循。

目前全国各省市基本成立了龙狮运动协会，为舞狮运动的发展提供了组织保障，加强了人文交流与合作。在赛事方面，国际龙狮总会定期组织世界锦标赛，亚洲龙狮锦标赛、国际邀请赛、国际龙狮精英赛、国际龙狮争霸赛等。中国龙狮运动协会每年都定期举行全国龙狮锦标赛、狮王争霸赛、全国青少年龙狮锦标赛等常规赛事。龙狮项目还成为全国体育大会、全国农民运动会的正式比赛项目。现在全国各地的很多中小学也开始开展舞狮项目运动，将传统体育项目融入学校的拓展课和大课间练习当中，让学生体验传统体育的魅力，也助力龙狮运动的普及推广。

第二节　舞狮的基础动作和要领

一、舞狮的基本步法

舞狮的基本步法主要有：马步、跪步、插步、独立步、弓步、扑步、虚步、吊步、探步、两移步、小跑步、开合步、麒麟步、跳步等。其中舞狮的“神”包括：喜、怒、哀、乐、动、静、惊、疑。其“形”包括：寻、探、闻、吃、醉、睡、醒。

二、舞狮的基本架式

1. 高架舞狮

要领：双脚半蹲，双手上举狮头舞动或跃步跳起。此为高架舞狮（图 14-1）。

2. 中架舞狮

要领：双腿半蹲，双肩扛着狮头底框，舞动狮子。此为中架舞狮（图 14-2）。

图 14-1　高架舞狮动作

图 14-2　中架舞狮动作

3. 下架舞狮

要领：身体下蹲或坐在地上舞动狮子。此为下架舞狮（图 14-3）。

图 14-3　低架狮动作

三、舞狮的常规动作

1. 三抛狮

舞狮者右脚插左脚后，向左侧上方举狮头，举狮高度适中，还原后换左脚插右脚后，向右侧上方举狮头，高度适中，还原后重复左边动作一次(图 14-4)。

2. 三拜狮

舞狮者第一拜左侧方提左脚开始上前三步，狮头前拜狮后退还原后转向右侧方向，第二拜提右脚上前三步，拜狮后退还原后对正前方提左脚上前三步，拜狮后退还原(图 14-5)。

图 14-4 三抛狮动作

图 14-5 三拜狮动作

3.小碎步

右脚上左脚前交叉，狮头转向右边，左脚向左边撤步狮头转向左边，接着右脚向左脚并步狮头转向右边，左脚再向左边撤步狮头转向左边，右脚再并步狮头转向右边。向右边做时先动左脚，其他动作一样，方向相反(图14–6)。

4.开合步

双腿直立两脚并拢，双手把狮头前推，身体稍前倾，闭合狮口。摆动狮头，两脚左右分开成马步，狮头迅速下放至肩上(图14–7)。

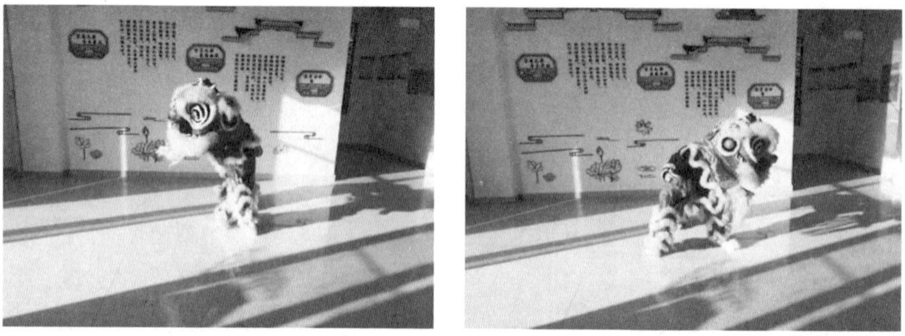

图14–6 小碎步动作

图14–7 开合步动作

5.独立步

右腿伸直支撑，左腿屈膝提起，脚面绷直，并垂扣于右腿前侧。双臂前伸作握狮状，身体微前倾，目视前方。右腿支撑地面为右独立步，左腿支撑地面为左独立步(图14–8)。

图14-8 独立步动作

6.麒麟步

左脚向右侧前方上步并外展，两腿屈膝下蹲，右脚跟离地，身体稍左。随后，右脚迅速绕过左腿向左侧上步并外展，两腿屈膝下蹲，左脚跟离地，身体稍右转（图14-9）。

图14-9 麒麟步动作

7.站单腿

狮头小跳一下后跳起，狮座同时双手把狮头举起，使狮头成独立状单腿站立在狮座大腿上（图14-10）。

8.站双腿

狮头小跳一下后，狮座双手紧握狮头腰带并双手借助腰力一起合力上提狮头，狮头在狮尾上提的同时双脚蹬地，双脚分别跳至狮座的左右大腿上（图14-11）。

图 14-10　站单腿动作

图 14-11　站双腿动作

9. 钳腰

狮座双手紧握狮头腰带并借助腰力一起合力上提狮头，狮头在狮座上提的同时双脚蹬地，两大腿紧夹狮座的两肋，同时两小腿交叉紧夹在狮座的背后，使身体更稳固（图 14-12）。

图 14-12　钳腰动作

10. **原地腾起**

狮座双手紧握狮头腰带并借助腰力一起合力上举狮头至头前上方，狮头在狮座上提的同时双脚蹬地，屈膝上提，摆动不停。狮头双脚向前落地成马步势(图14-13)。

11. **腾起前跃**

狮头双脚蹬地上跃，狮座在狮头跃起的瞬间，双手紧握狮头腰带并借助腰力一起合力上举狮头至头部上方，左右脚依次向前上一步，把狮头向前推进。摆动不停，狮座右脚向前上步成马步势，使狮头向前同时落地成马步势(图14-14)。

图14-13 **原地腾起动作**

图14-14 **腾起前跃动作**

12. **滚地**

狮头和狮座蹲下后单脚跪地，以肩胛先着地作团身滚动，两人配合要默契，滚动时注意狮子道具的随身带动(图14-15)。

图14-15 **滚地动作**

13.踩背

两只狮子配合，一只狮子站稳，另一只狮子的狮头在狮座的帮助下跳起轻轻落在站着狮子的狮背上，然后踩背做独立步（图14–16）。

图14–16 踩背动作

14.坐头

完成该动作时狮头上跳和狮座的上举要一致，狮头坐在狮座头上时，狮座双手分别护住狮头腰部以稳定狮头的身体平衡，同时狮座头部要保持正直，避免颈椎受伤（图14–17）。

图14–17 坐头动作

第三节 舞狮特色课程实施

——以乐清市淡溪中学为例

一、舞狮特色课程目标与内容设置

乐清市淡溪中学舞狮拓展性课程首先要体现具有民族特色的体育文化,保持自身突显的民族本质,以课程的形式传承我国特有的民族传统体育文化。其次,要拓展自身的时代内涵和外延,遵循体育文化发展的一般规律,造就新的民族传统体育文化形态,使民族传统体育课程既传承优秀文化内涵,又能发挥良好的育人功能。

(一)教学目标分段设立

舞狮拓展课的总体目标是学生能描述舞狮运动的起源文化、比赛价值及动作要领;能在练习与比赛中配合鼓点熟练流畅地展示舞狮的相关技术;表现出热爱舞狮的民族情怀和团结拼搏精神。但由于各年级段学生的身体和年龄不同,教师必须制订相对应的更能贴合学生实际的教学目标。舞狮特色课程教学目标如表14-1所示。

表14-1 舞狮特色课程教学目标

各年级段	舞狮运动的教学目标
七年级	认知:能简述舞狮的起源、文化与健身价值。 技能:能在练习与比赛中展示出基本的动作姿势像三抛狮、三拜狮、小碎步等。 情感:表现出热爱舞狮的情怀、团结协作和不怕困难的精神品质。
八年级	认知:能分辨出舞狮运动的各种类型动作和在比赛中的作用与价值。 技能:能在练习与比赛中结合鼓点熟练展示相应的组合动作,能展示2~3种发展舞狮相关体能的练习方法。 情感:表现出乐于展示、积极进取和顽强拼搏的精神品质。

续表

各年级段	舞狮运动的教学目标
九年级	认知:能较详细描述舞狮各个动作的基本要领和特点以及在比赛中的作用和价值。 技能:在练习与比赛中能结合鼓点熟练流畅地展示各种组合技术动作特别是有难度的动作,能展示3种以上发展舞狮相关体能的练习方法。 情感:表现出强烈的展示欲望和团结协作精神。

(二)教学内容精心设置

乐清市淡溪中学舞狮特色课程的设置根据中学生的学习能力和接受能力的差异,设置了"必学、限学、自选"三类内容体系。明确确定教材价值和内容重点。"必学"为发展学生的基本活动能力,提高基本身体素质;"限学"为在有限的时间内,选择两个学习内容,使学生相对集中地进行学习,掌握一定难度的舞狮动作,为学生终身体育习惯的养成打下基础;"自选"为老师可以根据班级的特色、学生的实际情况进行自主选择,加大了选择权,体现了尊重差异的理念。根据舞狮特色课程特点把教学内容分为三类:地面类、板凳类、高中低桩类。

二、舞狮传统体育特色课程的实施

(一)学校课程建设

学校以"臻善教育"为教育理念,以让每一位学生拥有面向生活、面向世界、面向未来能力的课程理念设置了田园课程。其中田课程为基础性课程,园课程为拓展性课程,拓展性课程又分为文学类和体艺类,体育组根据学校总体目标要求结合实际情况和师资力量将舞狮项目引入拓展性课程。

(二)课堂与社团活动

学校在每周一下午第一、第二节课定期开展拓展课学习,舞狮特色课程也在其中进行教学,而且很多学生都往往对连续两节课的练习表现出意犹未尽的感觉。同时德育处联系体育组成立了舞狮社团,目前社团人数已达100人左右,社团每周三、周五下午大课间组织练习活动，虽然社团人数较多，但在练习时通过老生带新生，教师统一指导等，让学生进一步提升了技术水平。

淡溪中学狮舞操

（三）体艺2+1项目开展

学校体育组结合学校社团开展舞狮特色课程教学的同时在体艺2+1里加入了舞狮项目供学生去选择，而且每次选择舞狮项目的人数都较多，足以证明舞狮项目受欢迎程度和学生在日常的拓展练习和大课间活动都有对该项目进行练习，所以学生很自信地选择舞狮作为自己的一项体育特长。

三、丰富多彩教学方法

（一）游戏教学法

用游戏的方式开展课堂教学，让学生在快乐的情绪中接受新知识，例如：教师用“齐心协力”的游戏来让学生做各种动作（同时向前跳远、左右移动）。

（二）情境教学法

1.口令情境教学

口令情境教学是学生训练中常见的口令指导，教师指导学生一起喊口令（包含单个口令和复合口令），就像武术训练和表演当中为提高表演效果一样。以口令壮声势，给予学生强大的精神洗礼，让学生愈发热爱舞狮运动，学习效率也能相对应地提高。

2.鼓乐情境教学

舞狮运动是集舞蹈、武术、鼓乐为一体的，鼓乐元素必不可缺，常规舞狮运动以播放鼓乐为背景，它能催人奋进，提高练习者的精气神。鼓乐形式大致分以下几种：第一，教学训练中，锣鼓镲配合。第二，大课间活动中，播放舞狮表演的音乐。第三，校园LED中，滚动播放比赛表演时的场景，多方位的体验让学生理解舞狮的内涵和外延。

3.传帮带(老生带新生)教学

学校社团在课余时间每周组织两次练习活动,通过传帮带(老生带新生)集体练习、每组纠正练习等方法,让新生很快掌握基本技术。

四、提高学生的学法指导

(一)让学生自主学习、勇于探索

(1)制作精彩动作的演示展板供学生自学自练,培养他们独立自主的学习能力。

(2)集体观看教学视频,探讨舞狮运动的各种动作技法要领和运动轨迹,通过自学模式诱导学生大脑思维中对于舞狮运动中精气神的理解。

(3)组织学生观看自己常规训练时的视频。师生共同分析舞狮动作,发现问题及时纠错,对于提高学习效率的作用明显。

(二)培养学生的团队合作意识

(1)舞狮运动是个合作项目,要求队员们纪律严明,步调一致。所有队员注意力高度集中,动作要跟上鼓乐的节奏。在训练中,如果某个学生开小差,动作就会拖沓,展演时马上就能发现其中的队员动作不到位。

(2)合理安排合作内容。根据学生的能力制订相应的合作内容,合作形式多种多样,旨在提高学生的学习热情。随着学生对舞狮的理解不断加深,动作质量方面逐步提升,舞狮运动中该有的精气神也会得到更好的诠释。

五、学校全力配合,完善硬件设施

(一)购买适合学生的舞狮道具

随着科技高速发展,体现传统文化的道具也在不断更新,原来单一的狮头、易坏的狮皮被现在高密度材料所代替,传统舞狮道具也越来越现代化。舞狮道具厂家根据人们各个年龄段的身体形态、身体素质、生理机能等特点开发了各种型号的道具。

表14-2为各年级段对应的舞狮道具一览表。

表14-2 淡溪中学各年级段对应的舞狮道具

道具型号	相应年级段	价格种类
5号狮	小学三到六年级	多种
小4号狮	初中七到九年级	多种
4号狮或小3号狮	高中阶段	多种
3号狮	成年人	多种

(二)自制舞狮道具,提高学习效率

校园学生人数众多,如果每个学生都使用道具狮头,经费会相对紧张,学校选用了价格实惠、安全可靠的道具。初学者对舞狮运动的感觉会差点儿,道具易损坏,由此学校制作了两种辅助练习道具:

(1)PVC管当狮头。本校结合实际情况,将一些废旧的PVC管割成50厘米长的短杆,让学生当狮头做动作练习,这样既保证动作顺利完成又不会让失误的同学损坏道具。

(2)旧条幅当腰带。把学校所有不用的条幅收集起来剪成3米左右,折叠好后给狮头当腰带用,实现废物利用。

(三)做好完善的安全意识教育

舞狮作为一项体育运动项目,运动损伤在所难免。若出现此问题,学生的学习进度将被耽误,文化课程学习也会受影响。安全教育是课堂常规教学必不可少的,一般和专项准备活动相结合,难度动作辅助练习和安全措施相结合,每节课教师须强调纪律的重要性,给学生讲解安全事故的例子,强化安全意识,提升课堂教学效率。

六、系统的评价体系

每学期期末学校将组成考评组,对学生在本学期学习的舞狮动作进行统一考核,根据学生完成动作的质量和熟练程度对学生进行等级划分,评出金狮、银狮、铜狮三个等级,并颁发等级证书(表14-3)。

表14-3 淡溪中学期末舞狮动作评价表

等级	评价动作标准	相关奖励
金狮	能结合鼓点完成1~2套组合动作，并完成4个以上难度动作，无失误动作。	颁发证书，确定为比赛和展演主力队员。
银狮	能结合鼓点完成1~2套组合动作，并完成3个以上难度动作，动作失误1次。	颁发证书，确定为比赛和展演候补队员。
铜狮	能结合鼓点完成1套组合动作，并能完场1~2个难度动作，动作失误2~3次。	颁发证书。

七、表演展示与比赛

舞狮队先后获得很多比赛荣誉，参加政府各类大型活动展演数十场，使本来默默无名的农村中学校，找到了闪光点，打开了宣传的窗口，学校声誉也大大提升。

图14-18 舞狮队参加浙江省第二届民俗精英赛

图14-19 舞狮队参加温州市江心屿新东园开园展示

问题思考：

1. 舞狮的基本步伐、基本架势和常规动作有哪些？

2. 舞狮传统体育特色课程在乐清市淡溪中学的实施包括哪几个层面？是如何提高学生的学法的？

本章节内容和照片由乐清市淡溪中学提供

第十五章 “苗族花棍 丹桂飘香”：花棍舞民族传统体育特色课程资源开发与实践

第一节 花棍舞的起源与发展

一、苗族花棍舞的起源

苗族花棍舞主要集中分布在关岭上关镇向阳村、关索镇民族村等地。关岭苗族花棍舞历史悠久，源远流长，其与苗族长期的迁徙征战和身处的恶劣环境有密切的关系。花棍舞是从苗族早期棍术中提炼出来的健身与舞蹈结合的表演形式，以舞、武结合的方式，表达了远古战争的激烈氛围和健身娱乐的双重含义。在关岭苗族传统的民间节日“花树节”上，花棍舞常与芦笙舞共同配合起舞，后又从芦笙舞中分离出来，成为一种独具特色的民间舞蹈形式。

回望苗族的迁徙发展史，千百年来，苗族为了寻找安身立命之所在，在深山老林间寻觅适宜生存发展之地，生活状况十分艰难。传说当时苗族在生活中慑于官府的淫威，不敢随身携带刀枪武器，只能以木棍为伴。但这种不动声色的自我保护工具，既能防身自卫，又可作挑担拄行之用。长此以往，便创出了棍走天下的武功，逐渐形成了苗族世代传承的棍术套路。随着历史的变迁，社会的发展，早期木棍用于防身搏击的功能逐渐消退，只留下在节日庆典中健身娱乐的花棍舞蹈。

节日活动中（如花树节），苗族姑娘身着盛装，手执红绿相间的花棍，随着抑扬顿挫的笙鼓节奏翩翩起舞。苗族花棍舞起步是以双人、四人为一组的对阵，其棍路为面对面的交流，以传递感情，进而由柔到刚，由慢到快，同时模仿薅、刨、推、拉等表现劳动生产的姿态动作，然后转入进攻、防守、退却等武术动作（图 15-1）。

图15-1　苗族花棍舞演练

二、苗族花棍舞的发展

花棍舞以贵州关岭县上关镇的向阳村和关索镇的民族村水平为高，参与人数较多，传承较好。早在20世纪，关岭苗族花棍舞就参加过全国首届少数民族传统体育运动会，一展舞姿，并在北京、内蒙古作汇报演出时得到党和国家领导人的赞扬和肯定。目前，苗族花棍舞作为关岭非物质文化遗产之一在民间得到良好的传承和保护，不少村寨的年轻人在老一辈艺人的指导下积极学习花棍舞，使这一古老的民间舞蹈形式得到延续和发展。

2007年，“红河盟芦笙队”的组织者罗元均，召集在县城读书的苗族青年学生们操练，在当年多彩贵州舞蹈大赛中，“苗家花棍舞”在关岭赛区获得三等奖，在安顺赛区获得二等奖并赴省预赛；2009年多彩贵州舞蹈大赛中，“苗家花棍舞”在安顺赛区获得一等奖；2011年参加全国第九届少数民族传统体育运动会表演项目；2018年参加贵州省少数民族传统体育运动会表演项目，获二等奖。

时间流逝，关岭“苗家花棍舞”的表现形式独特，在关岭这个大家庭中人人皆知，同时得到领导认可和各界人士赞同，更得到学校大力支持与发展，传承至今。关岭“苗家花棍舞”在关岭民族高级中学已成为民族特色课，被纳入学校课程体系。

第二节 花棍舞的基本动作要领组合

花棍舞可由二人、四人、八人、十六人组成对打，均为双数，人数较多时，花棍舞队形、招式变化更多，更加丰富好看。由于花棍舞最终是以健身娱乐为主，而防护动作比进攻动作更具美感，因而花棍舞动作多采用防守的招式，如舞蹈结束时的“雪花盖顶”姿态，姑娘们的花棍上下旋转，彩裙随之飞舞，直至以“苦竹盘根”造型止棒，整个舞蹈给人刚柔相济的视觉感受。该部分内容以双人对打动作要领为例。

一、第一式：握棍

动作做法：身体呈立正姿势，眼注视对方，右手自然垂直反手握棍，花棍紧靠右体侧，下端落于右脚跟外侧，上端紧靠右肩外侧。花棍一般隐藏于肩肘后面，两人对视（图15–2）。

图15–2 第一式：握棍

教学重点：虎口朝下，棍贴身并垂直于脚跟。教学难点：握棍方向与隐藏。易犯错误：花棍不隐藏于肩肘后面，不直贴于体侧。

二、第二式：出棍

动作做法：右手提棍向右前方形成90°，左手迅速握住花棍上端位于右腋下，虎口朝上，同时迈出右脚，顺时针绕一圈同时击打对方左膝关节部位，重心前移。左脚跟提起，重心落在右脚上，二人同步完成，目视花棍交叉点(图 15-3)。

图 15-3　第二式:出棍

教学重点:花棍顺时针方向划一圈向右前方同时击打，重心前移，目视花棍交叉点。教学难点:①重心转移，眼注视花棍交叉点;②击打对方左膝，手脚同步完成。易犯错误:手脚不同步，重心转移与目视方向不对。

三、第三式:右上会

动作做法:双方右手提花棍逆时针向右后方绕一圈划圆举过头顶置于左上方，同时右脚后退一步，向右横打，重心落在右脚上，右膝关节微屈，左脚尖提起，二人同步完成，目视花棍交叉点(图 15-4)。

图 15-4　第三式:右上会

教学重点:绕环一圈，向右横打有力，连贯一体。教学难点:①目视花棍前端;②横打有力，左手置于右下腋。易犯错误:左手不置于右下腋，花棍不从左至右，目光不跟着花棍走。

四、第四式:左上会

动作做法:于第三式之后,重心移于左脚的同时花棍在头顶由左往右绕一圈向右前方打击,右手伸直,棍与地面约30°。同时右脚向前迈一步,身体往前倾,重心移于右脚,左脚尖着地,左手停于左太阳穴,二人同步完成,目视花棍交叉点(图15-5)。

图15-5 第四式:左上会

教学重点:花棍前端高过头顶且与地面呈30°夹角,左手放置于左太阳穴处,重心前移。教学难点:①打花棍时,右脚没有向前迈一步;②未目视花棍前端。易犯错误:花棍没有在头顶绕圈,左手低于肩。

五、第五式:左滑棍

动作做法:于第四式之后,右脚后退一步,同时左手向左后方拉棍并伸直,右手握住棍上端,重心移在右脚上。左手迅速滑动花棍向前下方打出,重心不变,膝关节微弯,左脚跟着地。二人同步完成,目视花棍交叉点(图15-6)。

图15-6 第五式:左滑棍

教学重点:左手向后拉并迅速打出。教学难点:左右手握棍力度把握,在打出时重心会前移。易犯错误:重心前移,含胸下打。

六、第六式:提棍

动作做法:于第五式之后,右手拉棍,重心前移,以右肩为轴,顺时针绕180°向右前下方打出,同时右脚往前迈步,重心移于右脚,二人同步完成,目视花棍前交叉点(图15-7)。

图15-7　第六式:提棍

教学重点:迅速拉棍转180°,滑棍下打,重心前移。教学难点:①重心转移,滑棍下打。动作要求:两次滑棍的动作掌握,手脚同步,重心转移。易犯错误:拉棍不到位,导致棍没有转180°再下打。

七、第七式:右甩梭棍

动作做法:于第六式之后,左手紧握花棍上端,右手放松握花棍平行向右后方甩滑,直至右手握住花棍另一端,同时右脚向右后方勾起,此时左脚处于独站状态,重心落在左脚上。身体向右侧身,二人同步完成,目视花棍末端(图15-8)。

图 15-8　**第七式:右甩梭棍**

教学重点:甩棍,平行滑棍,勾脚右侧身。教学难点:甩棍、滑棍与勾脚同步配合。易犯错误:右手在甩、梭的过程中易滑脱,左脚独立站时,重心不稳,目光不跟随花棍而移动。

八、第八式:左甩梭棍

动作做法:于第七式之后,右脚放下,身体后倾,左手放松,右手推动棍平行从左手虎口推出,此时花棍迅速向左往后方平衡甩滑,同时左脚随着花棍的甩动向后勾起,左手滑动置于花棍左顶端,身体向左转体,左手伸直握住花棍,二人同步完成,目视左后方(图 15-9)。

图 15-9　**第八式:左甩梭棍**

教学重点:左手梭棍;左脚随花棍向后勾起,身体向左转,重心落于右脚,目视花棍前端。教学难点:梭棍与甩棍的衔接配合一致。易犯错误:不梭棍;不甩滑;重心不稳。

九、第九式：头顶绕圈横打

动作做法：于第八式之后，左脚落于左前方并外展。同时身体以左脚为圆心，双手绕棍交叉举过头顶，身体从左往右后转一圈，此时花棍已是在头上转动2圈。接着向右上方打出，花棍前端高于头顶，右手伸直握棍，左手握棍末端且高于头顶，此时花棍与地面呈30°夹角。身体则向左侧身45°，左脚尖着地，重心落在右脚上。二人同步完成，目视花棍交叉点（图15-10）。

图15-10　第九式：头顶绕圈横打

教学重点：以左脚为圆心，转体一圈，双手绕棍交叉举过头顶，向右上方打出，左脚尖着地，目视花棍前端。教学难点：在转体时，没有举过头顶绕棍。易犯错误：在转体时，没有举过头顶绕棍；在胸前握棍转体。

十、第十式：回扫头顶一圈击地

动作做法：于第九式之后，右脚为中枢脚，花棍在头上顺时针转一圈，身体从右向左转一圈，花棍在头上转一圈半后迅速向前方地面打下，右脚半跪，臀部坐在右后跟上，左脚弓步，左手放置右下腋，右手伸直压棍，二人同步完成，目视花棍前端。（图15-11）。

图 15-11 第十式:回扫头顶一圈击地

教学重点:重心落在右中枢脚上;右脚半跪,稳重心。教学难点:重心偏离。易犯错误:转圈时重心不稳,偏离击打点,左脚呈半跪姿势。

十一、收式:收棍

动作做法:于第十式之后,身体迅速站立,右脚尖着地,重心在左脚,右手提棍顺时针向右后方绕一圈,再向右下方打出,同时右脚向前迈一步,如图15-12左所示。接着右手提棍,花棍往右后方逆时针绕一圈,往右方放立收棍,同时右脚向左脚靠拢呈立正姿势。二人同步完成,目视对方(图15-12)。

图 15-12 收棍

教学重点:右手持棍顺时针向右后方绕一圈,接着逆时针绕一圈收棍。教学难点:在收棍动作中,不能只用右手一只手来完成收棍动作;花棍不能从前上方往后画圆收棍,回到起始动作。易犯错误:单手收棍,手脚不同步,绕圈时方向混乱,收棍后站立不稳。

第三节 花棍舞特色课程实施

——以关岭民族高级中学为例

一、花棍舞进课堂

在一次偶然的相逢中，关岭民族高级中学体育教师刘之伟接触本地的花棍舞，被花棍舞的民族文化感染，并被深深地吸引住，于是便想把花棍舞引进课堂，实现体育与艺术专业知识以及花棍舞的动作融合。2004年他开始向民间艺人学习花棍舞，请民间艺人作为学校民族文化的指导老师，在这过程中也经受了很多的坎坷和波折，在课堂上不断加以教学和研究。在工作和教学推进中，首先把计划和方案梳理好，然后按规划开展教学工作，引导学生对民族花棍舞感兴趣，抽出爱好花棍舞的学生在课余时间加强学习。

为了传承民族优秀传统文化，促进学生多元发展，2006年9月，学校特邀民间艺人到校传授苗族花棍舞，这也引起了全校师生的广泛关注，也激发了部分学生的学习兴趣（图15-13）。

图15-13 民间艺人进校传授学生苗族花棍舞

2006年10月，在关岭民族高级中学校操场推广苗族花棍舞，充分展示了学校独具特色的大课间活动。同时,也深化推进了学校体育课程建设(图15-14)。

图15-14 关岭民族高级中学推广苗族花棍舞

2007年4月,关岭民族高级中学苗族花棍舞代表队正式成立(图15-15)。通过学校民族民间文化创生中心全体教师和学生的共同努力,“苗族花棍舞”这一优秀民族文化也被各族人民所认识。

图15-15 关岭民族高级中学苗族花棍舞代表队

二、花棍舞的表演与对外交流

2011年10月,关岭民族高级中学苗族花棍舞代表队参加了以“民族团结,共创和谐”为主题的节目会演。本次“苗族花棍舞”的展示,不仅加强了各民族间的交流,也促进了民族团结。2019年7月8日,在教育助脱贫文化展演中,学校苗族花棍舞代表队参加了表演。2019年9月22日,学校苗族花棍舞代表队参加“中国农民秋收节”演出,用精彩的“苗族花棍舞”表演与各族人民共同庆祝丰收的喜悦(图15-16至图15-18)。

花棍舞表演

图 15-16　苗族花棍舞代表队参加安顺市“民族大团结大联欢”表演

图 15-17　苗族花棍舞代表队在教育助脱贫文化展演中表演

图 15-18　苗族花棍舞代表队参加“中国农民秋收节”表演

问题思考：

1. 苗族花棍舞的起源和发展背景是怎样的？

2. 花棍舞的基本动作要领组合由哪几部分组成？

本章节照片和资料由贵州关岭民族高级中学提供

主要参考文献:

1.张选惠,李传国.民族传统体育概论[M].成都:电子科技大学出版社,2013.

2.石爱桥.民族传统体育概论[M].北京:人民体育出版社,2014.

3.王华倬.中国近现代体育课程史论[M].北京:高等教育出版社,2004.

4.袁筱平.学校体育学课程体系研究[M].北京:北京体育大学出版社,2015.

5.顾渊彦.体育课程的理论与实践[M].南京:南京师范大学出版社,2014.

6.庞元宁,何建文.体育课程新论[M].北京:人民体育出版社,2004.

7.蒋菠.大学体育人文精神重塑——基于身体美学视角研究[M].北京:人民出版社,2015.

8.崔伟.体育课程论[M].郑州:黄河水利出版社,2005.

9.谭华.体育史[M].北京:高等教育出版社,2009.

10.姚蕾,杨铁黎.中小学体育教学评价的基本理论与实践[M].北京:北京体育大学出版社,2004.

11.董翠香,贾洪洲,季浏.新世纪10年基础教育体育课程改革热点问题研究综述[J].西安体育学院学报,2013(1):120-123.

12.王文生,等.体育教学论　体育方法学　中学体育教材教法[M].桂林:广西师范大学出版社,2000.

13.季浏.中国健康体育课程模式的思考与构建[J].北京体育大学学报,2015(9):72-80.

14.钟宁.对少数民族传统体育项目的分析[J].北京体育大学学报,1996.3.

15.李林.体育课程内容资源开发的理论与实践[M].重庆:西南师范大学出版社,2006.

16.胡庆山.体育课程实施主体论[M].武汉:华中师范大学出版社,2011.

17.刘瑞文.学校体育教学艺术[M].北京:中国人民大学出版社,2013.

18.黄聪,袁冰.中国古代民族体育资源开发利用研究[M].北京:科学出版社,2014.

19.陈振华,祁占勇.优质教育资源发展论[M].杭州:浙江大学出版社,2015.

20.杨文轩,陈琦.体育原理[M].北京:高等教育出版社,2004.

21.蒋菠,黄巾.意识遮蔽到实践开启:舒斯特曼身体美学破解竞技体育异化中的身体失落[J].武汉体育学院学报,2016(6):17-21.

22. 蒋菠，等. 中国基础教育体育课程改革新启示——基于澳大利亚创意身体教育课程模式视角[J]. 北京体育大学学报，2018(6)：93-99.

23. 姜勇，徐光建. 大中小学体育课程一体化现状及优化路径[J]. 体育文化导刊，2019(12)：97-103.

24. 张细谦. 体育与健康课程校本化实施的涵义与路径[J]. 体育学刊，2019(6)：98-102.

25. 宋宗佩，韩凤月. 新中国体育课程指导性文件的历史沿革研究[J]. 广州体育学院学报，2019(6)：102-105.

26. 毛振明. 新中国70年的学校体育成就与新时代的发展方向[J]. 天津体育学院学报，2019(6)：461-465.

27. 李静，王世涛. 体育教学改革的路径探讨[J]. 中国教育学刊，2016(S1)：33-34.

28. 曾玉山，王健. 芬兰学校体育的发展、特征及启示[J]. 成都体育学院学报，2017(6)：121-126.

29. 陈万红. 体育课程改革的本体论探寻——以泰勒课程研究范式为分析框架[J]. 武汉体育学院学报，2015(11)：87-92.

30. 程卫宏，拓万亮. 引民族传统体育项目进高校体育的教学改革研究[J]. 中国成人教育，2015(19)：177-179.

31. 李丹，张志成. 论体育课程改革的文化失语与立场[J]. 东北师大学报(哲学社会科学版)，2014(4)：255-257.

32. 王新武，张建军. 少数民族传统体育资源的社会价值及其发挥[J]. 体育文化导刊，2014(12)：63-66.

33. 苏雄. 我国民族传统体育文化的传承模式[J]. 首都体育学院学报，2014(1)：16-19.

34. 吴润平. 民族传统体育在小学教学中的传承[J]. 教学与管理，2012(36)：153-154.

35. 黄武胜，刘静，赵向晴. 中小学大课间民族传统体育活动模式构建研究[J]. 体育文化导刊，2012(11)：123-126.

36. 赵进. "民族"、"民族传统体育"概念及其他[J]. 山东体育学院学报，2010(10)：43-48.

37. 刁振东. 民族传统体育概念界定与辨析[J]. 沈阳体育学院学报，2009(6)：121-124.

38. 邱丕相，杨建营. 民族传统体育专业存在的主要问题及解决对策[J]. 体育学刊，2008(12)：1-5.

39. 马增强，朱莉，常宇江. 中华民族传统体育的话语世界及其现代影响[J]. 西安体育学院学报，2007(6)：1-5，36.

40. 武希玲. 民族传统体育重塑与改造的再思考[J]. 北京体育大学学报，2007(S1)：111-112.

41. 肖宇翔，等. 少数民族传统体育项目的传承与发展路径思考——基于独竹漂运动项目研究 [J]. 西南师范大学学报(自然科学版)，2019(8):117-121.